梵字による平和の祈り

梵字の持つ不思議な力であなたの人生を開きましょう

国際梵字仏協会会長
サンスクリット大学名誉文学博士
窪田成円 著

知道出版

三井斎円宗師梵字作品——梵字まんだら文字仏

運命を開き福寿を招来する梵字仏を祈り
あなたの人生を開きましょう

「阿吽の宇宙法まんだら」
阿吽の梵字は諸仏諸尊の通種子にして全宇宙森羅万象を表す。阿吽の呼吸の一致により百戦百勝万事必成となり、恒久世界平和を祈念する象徴文字です

「阿字観本尊（金剛界）」
南無阿字観瞑想法として仏智の知恵の徳を頂けます

「阿字観本尊（大悲胎蔵）」
阿字観瞑想法として大日如来様と一体となることによってすばらしい智慧と大慈悲の徳を得ます

川崎大師八角五重塔内に奉祀・両部石彫り法曼荼羅

Vajre dhatu mandala
「金剛界曼荼羅」

Maha karuna garbha kosa mandala
「大悲胎蔵曼荼羅」

「不動三尊」
奝円流独特な梵字。大日如来の化身として煩悩や迷いを砕き、
障害を焼き尽くし守護下さいます

「火焔を象徴した不動明王」
障害を焼きつくし多くの守護を頂けます

三井斎円宗師梵字作品——梵字まんだら文字仏

「孔雀薬師如来」
人間の病苦を癒す薬師如来と毒を消す孔雀明王が一体となった斎円宗師の感得作品

「釈迦如来三尊仏」
釈迦如来が文殊菩薩と普賢菩薩を脇土に従えて光明を放たれる

「十三仏法まんだら」
十三仏とは死者の各忌日に司るそれぞれの主尊であります。その忌日の御供養としてお祀りします。十三仏まんだらは斎円宗師独特の作品です

「愛染明王」
愛染明王の梵字の仏画の上に梵字仏を重ねた作品です。恩愛の仏として和合や親睦を祈ります

金胎両部法曼荼羅（胎蔵種子マンダラ）

慈悲と愛の世界

金胎両部法曼荼羅（金剛界種子マンダラ）

悟りに至る智慧の世界

宇宙の縮図・尽くしあう悟りの世界平和の祈り＝梵字・窪田成円、下絵彩色・松田要準（上下とも）

（掲載した作品は頒布もできます）

聖業讃辞

真言宗智山派前総本山
智積院化主第六十八世
宮坂宥勝

このたび、国際梵字仏協会会長・窪田成円先生の著『梵字による平和の祈り』が刊行されましたことは、誠にご同慶の至りに存じます。

三井奝円《ちょうえん》宗師の生誕一一一年にちなみ、一世紀を超えた三井先生の「梵字に至る道」と窪田成円先生の梵字書道講座とその輝かしい実績は、申し上げるまでもありません。今や窪田先生の梵字啓蒙運動は国際的に展開されています。

本書は「阿吽の宇宙マンダラによる世界平和への祈り——三井奝円宗師の梵字仏への歩み」、「梵字マンダラによる平和への祈り——窪田成円の梵字啓蒙普及活動」、「風林火山と梵字による平和への祈り」で構成されています。

奝円流梵字仏の創始者三井奝円宗師の生涯に亙る事跡、その遺志を継承された窪田先生による多年の梵字仏の梵字書道講座の開講、そして国際的な梵字普及の諸活動、仏教国スリランカの聖地ミヒンタレー市に梵字納仏・平和仏舎利塔並びに梵字仏文化センター建立、インドとの国際的文化交流、ブッシュ大統領への書簡、国内的には川崎大師厄除け本尊大開帳法要厳修記念展をはじめとする梵字仏普及のための数多い聖業、そして国際梵字センター建立発願《ほつがん》まで。最後に武田信玄に因む風林火山と梵字による世界平和の祈りで結ばれています。

窪田先生は瞠目すべき八面六臂のご活躍によって、梵字による仏教文化の振興、国際交流親善に尽くされて今日に至っています。このように国の内外を問わず、梵字普及に尽瘁されているのは、まさに現代における仏作仏業《ぶっさぶつぎょう》の聖業と申すべきであります。

殊に世界恒久平和への祈りをこめた梵字普及のための諸活動は誠に時宜を得たものであって、讃仰と感動の念に堪えません。

本書は、その一一一年に亙る軌跡をとりまとめたものであります。一人でも多くの江湖の博雅の方がたに読みつがれることを願って上梓賀意の粗辞といたします。

平成十九年六月一日

『梵字による平和の祈り』発刊にあたっての祝辞

山梨県甲斐市長
藤巻 義麿

梵字仏による平和活動の歩みを綴った『梵字による平和の祈り』が発刊されますことを心よりお慶び申し上げます。

梵語とは、古代インドで使われていたサンスクリット語のことで、これを記す文字が梵字であります。

この神秘的な文字は、世界の言葉やアジアの文字に大きな影響を与えたことで知られておりますが、日本では、仏教のイメージがあるため気軽に親しむことのできなかった梵字を、多くの人々に親しんで頂きたいとの願いから工夫・整備したのが、故三井奝円氏であります。

梵字仏奝円流の生みの親であり、叔父である敷島町出身の故三井氏の教えを受け、その遺志を受け継いだのが甲斐市に在住の国際梵字仏協会会長の窪田成円さんであります。以来、NHK学園オープンスクールや、国際梵字仏協会にて梵字の指導を三十年以上され、梵字を通して世界の平和と人類の安寧を祈念して、国内はもとより海外にまで広くこの活動を展開され、平成十三年三月には「世界平和祈りの梵字まんだら」の作品を発表し、梵字の祖国インドのサンスクリット大学から名誉文学博士号を受賞されました。

この受賞は、窪田会長のこれまでの梵字の研究、普及活動が認められたものであり、心より敬意を表する次第であります。

ご自身の永年の夢であります山梨県甲斐市のご自宅敷地内へ「国際梵字センター」の建立をぜひ実現され、このセンターが国際梵字仏協会の国内拠点となり、貴協会の活動がより充実したものになることをご期待申し上げます。

世界平和は、すべての人々の願いであり、祈りであります。

本書が、多くの方々の梵字に親しむ機縁となりますよう、さらには永久の世界平和を祈念するとともに、国際梵字仏協会の皆様のご健勝とご多幸を祈念申し上げます。

国際梵字センターの設立により「地球の一隅」を照らす

産業能率短期大学元教授
山王総合経営研究所長
清水　榮　一（元梵字講座生）

　奝円流梵字の美しさは、ほとばしる気の勢いに圧倒される強さと、親しみ深い和み豊かな静謐の柔らかさを同時にわが心の根に響かせてくれる。そして芸術としての領域にまで完成された奝円流梵字が放つ〝気〟の響きは、それを見る者、触れる者の心に深く浸透してやまないものがある。

　それをさらに教科の課程としてまとめあげ、カリキュラムとして整え、各地に講座を開設し、さらに通信教育まで作り上げ、情操を兼ねた教育としてのシステムを完成させて、全ての人に機会を与えるべく国内外にまで普及発展させたのは、奝円流梵字二代目、窪田成円師の並々ならぬご尽力の賜物と深く敬服するところである。このことは、世界で最初のしかも類のない唯一の偉業といっても過言ではない。**こうして日本に芽生えて日本に生き続ける奝円流の、気品に満ちかつ流麗にして真と善と美、さらに聖なるものの加わったこの奝円流梵字こそ、「世界遺産」と見なしても過言ではない。**幸い「国際梵字センター」設立の構想が持ち上がっている。時宣を得た素晴らしいことである。

今こそ、心の扉を開け。心の内なるみ佛の光を呼び覚まし呼び戻すことが急がれる。心を鎮めてみずからの朴筆をもって梵字を書するとき、筆先に現れる文字霊は、おのが心根のみ佛と響き合って、光そのものとなる。光のあるところには明るさがある。明るいところにはいいものが集まる。そこでお互いに慈悲が生まれ、愛が広がり、平和が訪れることだろう。

私たちは幸いにも、梵字による文字佛との出会いの鍵を持っている。この鍵は光を呼ぶ鍵だ。梵字すなわちこの鍵を世の人々に、広く世界の幸せを求める善男善女に、あまねく伝えるためにも、「国際梵字センター」の設立と活躍は、不可欠な存在といわねばならない。

いつでもだれでも、宗教を問わず、民族を問わず、国境を越えて、万教帰一で、心を休め、心を整え、心を安らぎ、心澄まして、梵字の光と響きに触れる場が欲しい。それは日本人だから考えることが出来、日本だからこそ実現出来ることである。

地球の一隅を照らす。「国際梵字センター」は、政治やイデオロギーさらに宗教を超えて、天と地と生命の調和を、万物の霊長としての人間の尊厳に賭けて実現したいと願うものである。それは大海の一滴であっても、確実に地球の一隅を照らすことになるからだ。それ故に「国際梵字センター」は、世界唯一の一国一文明の、日本の風土の中でこそ、世界人類の心の光源となることを願って止まない。

梵字による平和の祈り○目次

梵字による平和の祈り

目次

第一章　阿吽の宇宙マンダラによる世界平和への祈り

——三井斎円《ちょうえん》宗師の梵字仏への歩み

三井斎円宗師

三井斎円宗師は明治30年1月13日（1895年）に生まれ、本年は生誕111年になります。三井宗師は「1」という数字を重んじていました。そこで「梵字による平和の祈り」を上梓し、墓前にお供えし、梵字仏への報恩謝徳を捧げます。

（一）宇宙人的発想の三井裔円宗師

宇宙からのメッセージ

裔円宗師が八十八歳で薨《みまか》られて光陰矢のごとく、二〇〇七年現在で二十三年になります。ここに二十八年前に宗師が感得されて拝書された「阿吽の宇宙法マンダラ」（口絵Ⅰ頁）を紹介いたします。宗師は一九七八年深夜、病に伏せ幽体離脱のような状態になった折、突然数一〇〇〇キロの速さで数千万の銀河が渦巻いて眼前に現れ、その中から金色の光明を放った阿吽の梵字種字《しゅじ》が目に入ったそうです。そのときの神秘体験を描いたものが「阿吽の宇宙法マンダラ」です。

そして何よりも驚いたのは、この「宇宙法マンダラ」と同じ渦巻き銀河が天体に現れたことです。「二〇〇四年六月一日、国立天文台と欧州宇宙機関は、すばる望遠鏡やエックス線天文衛星などで撮影した、くじら座の中にある約一〇〇万個の銀河などの画像を公開した」（二〇〇六年六月二日産経新聞より）のです（十四頁写真）。

もともとこの「阿吽宇宙法マンダラ」は、宗師が世界平和を祈る梵字マンダラとして制作されましたが、二〇〇四年五月、川崎大師大開帳奉修記念「梵字仏・世界平和祈念展」の直後にこの写真映像が公開されたわけですが、私にはこの祈念展を祝福し、世界平和を祈念してくださったように思えました。

阿吽とは諸仏、諸尊の通種字《つうしゅじ》にして三千大千世界、すなわち全宇宙森羅万象を表します。これこそ宇宙の真髄を象徴したもので、密教では大日如来をも表したものです。阿吽の梵字種字こそ、世界平和の最高の象徴文字であることを宗師は示してくださったようです。

この写真映像の現象こそ宗師の示されたことが実証された証であるので、私は宗師のお考えをまとめて世に広めなければならないという思いに駆られました。


阿吽の宇宙法マンダラと同じうず巻き銀河が三十年後に天体に現れる

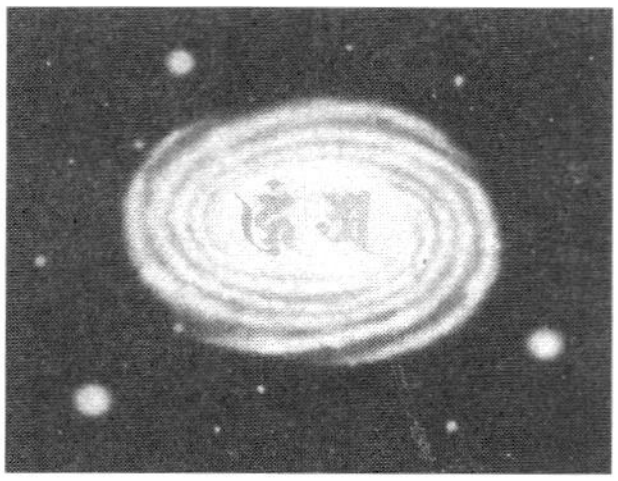

阿吽の宇宙法マンダラ
(「法」とは梵字仏のこと)

うず巻き銀河
(2004年6月1日の新聞より)

ハンハンハンと恬然たる風貌

今年は三井脩円宗師の生誕一一一年に当たります。ここで、甲府市内にある作品を見ながら激動の明治、大正、昭和の時代を歩まれた宗師のユニークな人生のお姿を追って見たいと思います。

脩円宗師は、明治の学問を受けられた古武士的風貌の持ち主ですが、いち早く時代の流れを察知し、先端技術を学ぶためドイツに留学し、航空工学の研究に没頭されましたが、その傍ら、欧州諸国を巡歴し、世界の諸宗教および文化、芸術の奥義を極められました。帰国後は悟るところがあって仏教に帰依され、すばらしい知徳を身につけられました。

私は脩円宗師がこの世を旅立たれるまで十八年間お仕えしてこの知徳を直接授かりました。これは、私の生涯において大変幸せなことでございました。

三井脩円師の似顔絵（井上球二氏画）

宗師は常日頃こう言っておられました。「人間はとかく枝葉のことにとらわれすぎて、本当の幹の所が見えない。そのため、目先の幸せのみを追いかけて、ほんとうの幸せを見失っている」

この教えは、私の物の見方を大きく変え、物事の真理を見つめる姿勢を培うよすがとなっておりますす。さらに、さまざまの困難にぶつかって挫けてしまうとき、また思い出す言葉があります。「人並み以上の苦労をしなくては人の痛みも分からない。尊い修行をさせて頂いているのだよ」

一見平凡にも見えるこの言葉を自分のものにするのはなかなか大変です。宗師は厳しく説教されるのではなく、ごく当たり前のように笑みをたたえて、穏やかにおっしゃるのです。このお姿は、今も忘れることができません。

晩年の飄々としたご様子は、側近くにいる者より外部の方々が訪れたときに、より一層鮮明な印象として残ったようです。たとえば、漫画家の井上球二氏は宗師の印象を次のように述べられています。

〈……甲府市郊外、敷島在住の梵字研究家、石の造形美術家、ドイツ工学博士・三井奝円

宗師に、甲府駅でお初にお目にかかったのは晩秋のどんよりした日です。

小柄、ベレー帽をチョコンとかぶった、動作のいやにチョコマカした、ニコニコオジサンって感じの、いかにも元気のいいお年寄りが「ヤー」とかなんとか言いながら、肩を叩かんばかり、十年来の既知でもあるかのようなオカシナ初対面でした。

「家に来て頂く前に、市内にある私の作品を見て貰おうと思いまして、ハンハンハン」

止めてあるクルマのところで二人の紳士を、こちらの仕事の協力者です、と紹介されまして、スタート。図らずも市内のドライブというオマケが付きます。回った所は大体お寺で、石塔、石碑の類です……この先生、言葉のおしまいに軽い笑声〃ハンハンハン〃がくっ付く癖があるようです。

コースの最後が市の公園で、クルマが入ったらいけない所へ、うっかり入ったらしく、管理人がすごい剣幕で飛んできましたが、

「いや、これはどうも……ハンハンハン」

管理人もこのペースにはめられたか、鉾先がにぶります。

公園には、野外音楽堂のある池に、アメリカの新聞雑誌にまで紹介されたという音楽碑がありました。水の上の五線譜の上に音譜が一つ乗っかっているというデザインですが、この乗っけ方に、ドイツ工学博士の実力が発揮されていまして、地震なんぞで如何にズレ

ようとも、すぐ元に戻るという力学的構造。「音を形に表わす点に苦心しました。ハンハン」先生、池のフチにしゃがんで「ホレ、ご覧。楽譜がダンスしだしたでしょ」池に入れた手を動かします。なる程なる程五線譜、音符が、伸びたり、縮んだり、ちぎれたり。ユラユラユラユラ。（後略）……〉（「大法輪」昭和四十九年一月号　井上球二「この人を描く」より）。

なお、音楽碑は市の都合により現在は遊亀公園に移され（注・ここにも今はない）、脩円宗師の趣旨とはほど遠く、少し寂しい気がします。

「脩円師讃辞」――川崎大師平間寺高橋隆天猊下

それにしても今では脩円宗師の往時を知る人はだんだん少なくなりましたが、三井脩円著『墓と石塔』（知道出版刊）の序文で、川崎大師平間寺の高橋隆天猊下が先生の業績を大変簡潔にまとめて下さっておりますので、ここに掲載させて頂きます。

「昭和五十二年、当山開創八五〇年慶讃の法縁にあたり、その記念事業の一環として、創建・平間兼乗供養塔の造立を発願し、その道にきわめて造詣深く、かつ優れた感覚を示された三井脩円氏にその造塔をご依頼した。供養塔は、開創八五〇年祭が奉修された同年十一月に開眼法要が行われ、当山墓域の一隅にその格調の高さを誇っている。

奝円氏はドイツに留学して航空機の高速内燃機関の研究に従事しておられたが、その滞欧十余年の間にヨーロッパ各国はもちろん、ギリシャ、エジプトなどの中近東諸国などにも足を運ぶうち、石造建築に大いに興味をおぼえ、その調査・研究を重ねられるに至った。

その開発には氏も参画されたというBMWのオートバイを駆って、よく旅行を試みられたそうであるが、あるときは、雪のアルプス山中において生死の境を彷徨するうち仏のお姿を感得したり、またあるときは、巨大なピラミッドやスフィンクスの神秘と荘厳さに大いに心を打たれたという。冒険とロマンへの情熱と、聖なるものへのあくなき憧憬による氏の純粋な心情が、そのまま伝わってくる思いがする。

そうした人生の貴い体験のなかで、氏は同時に日本の文化を再認識し、日本人としての誇りに目ざめ、伝統の美をあくまでも尊重する日本的な造塔というものに対して、氏独自の思索と見解がまとまっていったものであろう。

帰国後、氏は感ずるところがあって、専攻の航空工学の研究から転身し、建築学の権威、京大の天沼俊一博士に師事して石造彫刻へすすむとともに、永平寺七十世管長・大森禅戒師について梵字を学び、仏塔を中心とする石造美術の研究に精進することとなった。とくに高野山大塔を造建された天沼博士による影響は甚だ大きかったようで、氏の機械工学を基礎とした石造美術をさらに美しく、確実なものにしたといわれている。

祖先を祀る行事は、子孫としての人生最大のつとめであって、至情と熱誠、礼拝と尊崇の念をもって正しく行われるべきもの、そして墓塔の造立は、子孫がその前に立てば自然と手を合わせる気持ちになるような荘厳さと極致の美を備えたものでなければならない──これが裔円氏の根本的な見解である。したがって、そういう観念のもとに造立された氏の仏塔は、日本古来の伝統的な美と、宗教に基づく造塔の精神を兼ね備えたものであるということができる。

また、長い年月を費やして真摯な研究がつづけられた氏の梵字については、ついに裔円流といわれる定評ある、独特の美しい梵書体を編み出し、その遺業は弟子の窪田成円女史が主宰する国際梵字仏協会によって正しく継承されている。当山の宗祖弘法大師一一五〇年御遠忌奉修記念事業として建立された「八角五重塔」の二層には、氏によって制作された金胎両界曼荼羅が荘厳されているが、その荘重な梵書体は、まさに美と聖を併せもつ傑作ということができる……」(序文より)

悉曇《しったん》梵字の意義と重要性

一般的に、梵字は日本では、仏、菩薩、明王《みょうおう》などの諸仏を象徴する聖なる文字として知られ、また仏教の経典、墓石、卒塔婆などに広く見られるところですが、本来は昔よりインドで使用されている古典語、サンスクリット語を表記するのに用いる文字でした。サンスクリット語すなわち梵語は、古代インドで生まれた神聖な言語で、過去五〇〇〇年の歴史があります。インドはもちろん、欧州、アジア、日本の文化に大きな影響を与えました。この梵語により、インドにおける至高な精神的観念や思想が表現されてきたことから、梵語は神聖な言語であると認識されるようになりました。

梵語を表現する文字が梵字で、二五〇〇年ほど前にインドカシミール地方に生まれましたが、そのことについては、宇宙創造の神はブラフマンにより創成されたと伝えられ、ブラフミー文字といわれています。

梵字はさまざまな書体に変化してまいりましたが、六世紀頃から使用されていた悉曇(siddham の漢字音写)梵字がインドから三蔵法師により、中国を経て仏教を伝える文字として弘法大師空海により日本にもたらされました。そしてアイウエオの五十音を始めとして、多くの日本文化に影響を与えました。特に真言密教では無量の功徳《くどく》が内包されている仏の徳を象徴するものとして尊重され、さらに秘密の文字、聖なる文字として日本で一二〇〇年にわたり大切に保持されてまいりました。

それではこういった事柄に奝円宗師がどのようにして関わるようになったのでしょうか。その足跡を辿ってみることにいたしましょう。

（二）人生の門出・オートバイの旅

ドイツ留学

かえりみますに、宗師の八十七年間の人生は大変奇異でユニークな生き方であったと言えましょう。また、ご自身もとても楽しい一生だったと述懐なさっておいででした。

三井脩円宗師は本名を英俊といい、一八九七（明治三十）年一月十三日に山梨県中巨摩《なかこま》郡敷島町（当時の松島村）で生まれました。酒造業を営む父英一郎と母まじの間には男三人、女五人の子宝に恵まれましたが、その長男が英俊でした。ちなみに言い添えますと、英俊の令妹智嘉子も優秀で、日本女子医大を卒業後、日本人女性としては初のロベルト・コッホ研究所員となりましたが、惜しいことにこの女史は夭逝いたしました。

英俊は松島尋常小学校から甲府中学に入学しますが、少年時代は病弱だったため学校を休みがちだったようです。そういった虚弱体質でしたから、お母さまが水垢離をしてまで健康祈願に明け暮れたほどでした。

中学在学中、クラーク博士の愛弟子だった大島正健校長の薫陶よろしく、大正五年に無事卒業の運びとなりました。中学修了後、実家の稼業を厭い、家族の反対にも拘らず、家出同様に上京しました。下宿代倹約のため駒込千駄木町にありました「幽霊屋敷」を住まいとし、昼はアルバイトに追われ、夜は中央工学校で学びました。刻苦勉励、在学中に電気機械設計に関するマニュアルを作りました。

一九一八（大正七）年、卒業後、近衛師団第二連隊十二中隊に入りますが、この時期第一次世界大戦がまだ続いていました。

前列左より母、父、祖母、後列左が英俊氏

ロシア革命による赤軍と白軍の内戦、中国の軍閥内訌、国内では米騒動の余波は収まらず、それなのに日本は七万余の軍をシベリアに派兵しました。英・仏・米と歩調を合わせ、革命で崩れた東部戦線を再編成するというのが名目ですが、赤化の波を抑止するのが目的でした。まさに世界のありさまは混乱の様相を呈していました。

この年の十一月に第一次世界大戦が終結しましたが、ドイツにも革命が起こり、帝政が崩壊しワイマール共和国が樹立されたのです。

若き日の師は、幸いシベリア出兵要員となることもなく、一九二〇（大正九）年、帰休除隊となり、翌年、新生ドイツに遊学することになるのです。

ベルリン工科大学にほぼ三年、ミュンヘン工科大学に約二年、併せて五年間学びました。卒業後ベルリンのジーメンスの工場、ミュンヘンのバイエリッシェ・モトーレン・ヴェルク、およびデッサウのユンカース等々の工場において航空機、特に高速度内燃機関の研究を積まれ、ドクトル・エンジニア（ドイツ工学博士）の学位を取得されたのです。

新型モーター開発と三井氏の奇行

師を語るにはどうしても、その開発したモーターにふれることになります。幸いここに師が愛用したモーターサイクルで欧州等十一万キロを走破した手記が雑誌「現代」の昭和六年七月号に掲載され、冒頭に次のような紹介記事がありました。

「『オートバイ』の三井君』と云えば、全ドイツに誰知らぬ者なき人気男である。滞独十年間、常に日章旗が翻る快速車を駆って全欧州を我がものの如く疾走し、或時は急行列車を追跡してロンドン会議ＮＰＯの報道に貢献し、或は未開の地に侵入して九死に一生を得る等その大冒険と奇抜な体験は実に壮快無比のものである」

ヨーロッパは別としてもアジア、バルカン半島諸国等往事の困難な国情、道路事情の下に単身モーターサイクルを走らせての諸国行脚を成し遂げたのは、「頑強な身体」の持ち主であったのはもちろん、また「生来の変わり者」だったからかも知れません。

なお参考までに、一九三一年十一月一日の日付のカードは十二頁に掲載されおります。これはBMWの愛車にのって十一万一一一一キロメートルの走行記念に、師がベルリンに滞在中、手製の写真絵ハガキを作り日本へ送られたものだそうです。

その当時のカメラも珍しい時代でしたので、師が研究してライカにアドバイスをしてカメラを作ったといわれております。そのカメラで撮った写真です。一緒に写っている在留邦人は、芦田均氏をはじめとする後の日本を担う人たちだと先生から聞きました。

ところで師自身の考案が多分に取り入れられた、世界的名車BMWのモーターサイクルを駆って諸国を巡りますが、BMW（七五〇CC）はバイエリッシェ・モートレン・ヴェルク（バイエルン自動車工場の意）の頭文字です。この工場は、第一次世界大戦の間、主として飛行機を生産していましたが、戦後、二輪車生産に力を注ぎました。

BMWは二輪のロールスロイスとも言われ、水平対向、フラットツイン、駆動ドライブシャフトの高速重量車と

BMWに乗って疾走する若き日の英俊氏。(1931年11月)

凱旋した英俊氏を迎える在ベルリンの日本人たち。（1931年11月1日）

賞されています。

一九三〇年代になりますと、数多くのスピード記録を更新し、「ババリアの黒い疾風」なる異名を持つ世界最高のモーターサイクルなのです。そのモデルは当初からの基本の型を守り通しているところから「ババリアの頑固者」とも呼ばれています。

まだその呼称のつかない頃ですが、いわゆる「ババリアの黒い疾風」のごとく三井青年が巡った所は、ヨーロッパはもちろん、バルカン、アフリカ、中近東、アジア、東南アジアなどの広範囲に亙《わた》ります。現在国境を接する国の数でいえば六十余カ国に及んで、約十一万キロを走破しました。この記録は道路の整備が進んだ現代でも達成することは容易ではありません。まして改良途上の当時のオートバイの性能や国際事情を考え合わせますと、まさしく〝快挙〟であったというほかありません。

在りし日の秩父宮様

ここにちょっと珍しい新聞記事と写真をご紹介します。

これは一九五三（昭和二十八）年一月十二日の山梨日々新聞に掲載された記事と若き秩父宮様の写真です。大正末期にオックスフォード大学に在学中の秩父宮様と三井英俊青年の、オートバイを通しての貴重なお付き合いの一端に触れています。

「私がオートバイで世界各地をめぐって石造芸術作品の研究を唯一無上の道楽としていたころ、オックスフォードに御留学中のプリンス・チチブがスイスにお出かけになった。私も早速愛車を駆ってプリンスと山登りなどにお供したが、外地における宮様は全く平民的だった。

私が愉快にオートバイに乗っているのを見て、宮様はお付きの人には内緒で自ら操縦された。そのときの朗らかな宮様のお顔はいまも私の頭に焼き付いていて、楽しい思い出の一つになっている。

ＢＭＷに乗る秩父宮様

その後、宮様は帰朝されてから私の愛車であるドイツ製ＢＭＷの輸入一手販売の店に秩父商会と命名されたことを聞いて、私は特に感慨深いものがあった」

オートバイ巡礼記――日本の旗を掲げて

〈僕は、生来の変り者だ。この変り者、これが僕をして、欧州、バルカン、東洋の二十五ヶ国、十一万キロメートル（三万里）を、オートバイで踏破させたのだ。

便利な汽車があり、飛行機がある世の中に何故わざわざオートバイで遍歴したかと云うに、第一に日本の紹介である。世界は広い。従って欧州の田舎へ行くと、まだ日本を知らない人が随分居る。これ等の人々に日本を紹介してやろう。これが発想の原点で僕のオートバイには、いつも日の丸の旗が立てられた。

第二に、心行くばかり大自然の懐に抱かれよう。汽車は軌道の上を走る。だから思う存分、景色を眺めようと思っても、自分の意のままにならない。此れに反して、オートバイでは、望み次第エンジンを止めて景色を眺めることも出来るし、大抵の道のついて居る所なら、高い所にでも、時によっては海の波打際までも行ける。

第三に、長い距離を踏破する内には、自然に使っているオートバイの欠点、長所がはっきり判る。これを製作会社に報告する。するとこれが将来の製作上に於ける参考となる。

従って会社から御礼の意味で研究費を頂いた。自慢ではないが、世界に有名なバイエリッシェ・モトーレン・ヴェルク（B・M・Wと称す）で目下製作されて居るオートバイは、僕の報告に基づいて、作られつつあると云って差支えない〉

ヨーロッパアルプスの山越え

〈彼方に見えるアルプスの高峰は、折からの旭に、紫雲を凝らしてその美観、壮観、秀麗何に喩えようもなく、僕は恍惚として行先も忘れ、暫し身動き一つしないで、佇んで居た。やがて目前にロンバルヂーの大平原が展開する。オートバイは頗る付の好調子だ。次で山が見え出した。アペニン山脈だ。この山の前にあるのが、モデナの町。今しもローマ行きの急行列車が、一抹の煤煙を残して、この町の駅を出た。丁度良い。これから急行列車と競争だ。エンジンは物凄い音を立てて、平坦な街道を走る。元来汽車は軌道の上を走り、障害物は何もないが、オートバイとなるとそうは行かぬ。横道から馬が飛び出すこともある。子供が走り出て来ることもある。これ等のものを一々避けなければならない。それでも次のボロヂナには、急行列車よりも速くついてしまった。

もう日は西山に傾いて、西方は黄昏の幕に閉されていたが、僕は決心して、夜のアペニン山脈を走破し、午後十時三十分芸術の都フロレンツに着き、とあるホテルに仮寝の夢を結んで、夜の明けぬ内に、ここを出てローマを目指した。……〉（三井英俊の名で記した『オートバイ巡礼記』より抜粋。昭和六年、雑誌「現代」所載）。

若き日の宗師は、このようにヨーロッパを疾駆しました。結果的にはＢＭＷのテストライダーをも兼ねていたと申せましょう。

一九三〇（昭和五）年のこと、イギリスのロンドンにも行き、英・米・日・伊・仏の全権大使による「ロンドン海軍軍縮会議」が開催されると、その報道にも寄与いたしました。

また、大谷光瑞法主（浄土真宗本願寺派二十二世）は、中央アジア仏教遺跡調査（大谷探検隊）で有名ですが、一九一四（大正三）年に法主を辞任して以降、中国・トルコ・南洋で事業を営まれていらっしゃいました。トルコでは香料植物の農園を経営しておられた頃、香料に関連して工場の蒸留器設置と使用方法の指導、協力者として三井英俊青年をお招きなさいました。ＢＭＷで駆けつけたことは言うまでもありません。

トルコ駐在代理大使、芦田均氏ご家族。イスタンブール日本大使館にて。（三井氏撮影）

トルコでは大谷光瑞師のみならず、芦田均代理大使との交流もありました。芦田氏はのち（一九四八＝昭和二十三年）に首相兼外相となられた方です。イスタンブール日本大使館にて三井英俊撮影による当時のご一家の写真が残っています。

またトルコ近代化に腐心した初代大統領ケマル・アタチュルク（トルコの父の意）との交流も特筆しておかなければなりません。それから、トルコで体験された誠に不可思議な出来事をご紹介しましょう。

狼群の中に溶け込んだ青年

当時のトルコには狼がたくさんいたそうですが、ある時、プルッサの山中でドイツ人技師二人が狼に食い殺された直後だというのに、三井青年はその山へ入ったのです。夜、ついに彼は狼の群に遭遇しました。闇の中にランランと輝く目目目目目……。

その時彼が思ったことは、「ワー提灯行列みたいだ！　早くあの狼の中に入りたい！」だったんだそうで……、何と彼は狼群の中の一匹？　として行進をしたのです。

氷雪のアルプス山中にて魂の宇宙旅行

このように見てくると、三井英俊青年は随分恵まれた環境にあったといえるでしょう。

しかし、自分の利益や功利のために高位高官を利用しようなどとの考えは毛頭ありませんでした。それはなぜでしょうか。

時代が前後しますけれど、日本暦では昭和改元直前のこと、冬のアルプス山脈をＢＭＷで越えようとして、〝心眼開く〟の体験をされたからです。

当時、アルプス登山自動車道路延長はまだ六十キロだったようですが、厳寒には当然閉鎖されます。重装備の徒歩でさえ山越えは困難な所をモーターサイクルで乗り越えようというのは、実に無謀な行為といっても過言ではありません。標高二九〇〇メートルの峠は膝を没する積雪です。

「雪や氷の中をタイヤにチェーンも巻かずに越えて行ったんですがね、押しながら行った所もありますが、乗って行った所もだいぶあります。あとから思うと、あんな所をどうして乗って行けたのか不思議ですね。あのときすでに、自分というもの、我というものがなくなって、オートバイと自分が一体になった境地でいたわけです」

と、後年、私たちに語ってくださったことがあります。

一九三一（昭和六）年に書かれた回想記には、この時のことが次のように記されています。

「輝くアルプスを眼前に見出した時、僕はこの大自然の懐に抱かれてしまって、僕の頭には名誉もなく、富貴もなく、階級もなく、自己を忘れ、行き先を忘れ、全てが自然と融化してしまって、呆然自失、山の威に打たれ、その温容に接して、時のたつのを忘れてしまったが、やがて自分に返って見ると、四方は夜の幕に閉ざされて寂寥たる有様……。

十二月二十四日の夜だ、何処を見ても白皚々《かいがい》として岩の蔭も見出し得ない。吹き来るものは銀嶺を越え来たるアルプスの嵐、生も知らず、死も知らず、我なく、人なく、全くの無我の境」。三井青年フト気が付くと自分は地球から浮き上がっている。高く高く、やがて地球がダンダン小さくなる。星のようになる。それも宇宙の彼方に溶け込んでしまう。「僕の手足は寒気に凍って居て動かない。もう駄目だ。僕は死んでしまうのではないかしら。この清浄なアルプス山中に、僕の魂がとこしえに遥か彼方に飛び去ったなら、僕の魂がこの大自然と結び付いたなら、どんなに幸福だろう」

アルプスのアロス峠での一夜の叙述ですが、ずっと後年、三石造形藝術院を主宰されている折に記された、このときの経験を反芻する文章が遺っています。**「嗚呼壮快無限!! 南無阿字観感想の『大宇宙の旅』」**という題です。師の心境を忖度《そんたく》しますと、今にして思えばこうだったのだ、という感慨がタイトルに顕れています。次に本文全文を掲げます。宗師をして語らしめること、それをこの章では大切にいたしたく存じます。

南無阿字観感想の「大宇宙の旅」

〈時に一九二六年十二月二十四日、西部アルプスの雪の中、見渡す限り白皚々のアロス峠に於けるその一夜、我が最愛の友でありまた恋人である愛機ＢＭＷのオートバイ、そのスタンドを立て、サイクルの上に乗ったまゝ天幕《テント》被って後席の背嚢に凭掛《もたれかけ》て假睡するほどに夜は更けて折柄この西アルプスの丑三つの頃、アロスの峠越え吹き来たる風に目を醒まし、天を仰げば空澄んで風寒く、耳に雑音絶えて、唯聞こゆるは〝ヴェルドン〟の溪間を流る水の音、不浄万象暗に吸われて目に一輪の月宿る。白にあらず銀にあらず氷光清澄露まさに滴らんとす。しばし我を忘れて瞑想に入る！「ふと目に映る月輪に白妙法蓮華その上に金剛金色の阿字観感想」。時に心眼覚醒実に心清浄自ら無我の境に入る。

常にいわゆる生の楽しみを解することが出来なくて、この夢幻の人生に無常を感じて、只大自然の中に融化してしまった。

今やわが心には我もなく他もなく、生もなく死もない、またアルプスの山中であることも知らずこの氷雪の寒さをも感じない。わが魂は大宇宙の遥か彼方に翺翔《かけとび》去って最早《もはや》、目には地球も一点の星となり、やがてその星すらも見えなくなった。あゝ壮なるかな大宇宙の旅！　あゝ快なるかな無我の境！

「あゝ壮なるかな大宇宙の旅！　あゝ快なるかな無我の境！」――この極楽の仙境は何時しか過ぎて口惜しや、我が魂は再び我に帰って又々無常の人生に悲しむ哀れ俗人となってしまった。気がついて見れば我こそ今は西部アルプス雪の中、手足は凍え指も手頸も動かない、足も曲がらない、また腹の中まで冷えている。最早とうてい命が助かるまいと驚いた。

然し人生を真に解することが出来ない我にとっては死もまた別に恐くない。何故かあの無我の境に駆った我が魂が再び我に帰って来たのであろう。あの時我が魂が永久にあの大宇宙に飛び去ってしまったならばそれこそ人生を超越せる無上の快楽また真に至上の幸福のうちに我は満足してこの俗界無何有の郷に消え去ったのであるが、今や魂が我に帰ったからには自ら死を求むるは愚の至りであり、死したからとて又あの神我一体の境地に達することは出来ない。

そこで何とかして身体を温める方法はないものかと辺りを見廻してもたゞ一面の雪、雪より他に何もない、それでいよいよ背嚢をでも焚くより他に仕方がないと思ってその背嚢を眺めると、その中に万一にと用意して来たワインの空瓶に入れた、わが最愛無二の恋人たるオートバ

斎円宗師がアルプスの山中で感得した
阿字観本尊

イに飲ませるワイン即ちガソリンがあることを知って、そこで始めてガソリンを焚くことに気がついた。早速オートバイのエンヂンをかけようとしたがこれ又凍ってしまってスタートしない。そこで外部からガソリンを焚いてエンヂンを暖めてやっとのことで始動させた。これで先ず先ず安心とそのエンヂンの熱に依って手足をあたためた。時に北方の山々の上には雲が重なり合って星の光がうるんでいる。それからエンヂンをかけたま、又々天幕被って残夜の微睡に入った。………この時こそ天上天空唯我独魂大宇宙自由自在遊飛の旅と思《おもほ》ゆるかも〉

強靱な精神と丈夫な体力

ここで述べられているのは一種の臨死体験と言えましょう。人は生と死の境目にあるとき、このような冴えざえとした魂の覚醒をあるいは覚えるのかもしれません。若い三井英俊の内面の旅、精神の飛翔はこの体験に基づいて始まったのです。

それにしても、氷雪に覆われた酷寒に孤独な山越えをするには、よほど強靱な精神と丈夫な体力がなければできることではありません。

医者にも見放されるような虚弱体質の子供が、成人してこんなに強靱になれるものでしょうか。師の幼少時代、いつも風をひき、肋膜炎を患い、やれ中耳炎だ何だと一年の大半を家で過ごしたと伝えられますが、病気平癒と健康祈願のために御母堂が水垢離をとっていたことは前に述べました。その慈悲の心に感じ入るのはだれしもでしょうが、三井少年はとりわけ母親さまの恩愛を肝に銘じて心身を練磨することを決心したのです。

「健全なる精神は健全なる身体に宿る」と言ったのは、古代ローマの詩人、ユウェナリウスですが、健康な肉体にしか健全な精神は宿らないのだと曲解する人がいます。精神の練磨は同時に身体の鍛練を伴います。

虚弱な少年は「人間万事成るも成らぬも、その心如何にあり」と決意しました。真冬でも単衣を身に着けるだけで足袋もはかなくなったのです。甲府中学時代は、片道六キロの道をジョギングしながら通うようになりました。往復三里の運動です。心身の鍛練がこうして始まりました。東京の工業学校に学ぶようになってからは、授業に出る学生が寒中オーバーを着たまま聴講するのに反発し、麻の帷子一枚に小倉の袴という夏の出で立ちで通したのです。当然、奇人・変人として見られましたが、それが自らに課した修行だったというわけです。こうして強靱な精神と丈夫な身体を培っていきました。

「私は自分のやっていることに一度だって苦しいと思ったことはないんですよ」

と回想なさっています。近衛師団入隊当時、竹橋訓練場において梁木の上で逆立ちをし、倒立から着地する模様が写真に遺っています。二十段の梯子が写っているところから見る

梁木の上で逆立ちをしている英俊氏

と梁木から地面まで四〜五メートルはあろうかと思われます。体操選手顔負けの離れ技です。体操の技術のことはともかく、鍛えることによって人間はこうもなれるものかと不思議です。

　三井青年の例は誰にでも当てはまるとは限りません。虚弱体質改善の希有な例ではありますが、人間の心身は、鍛練なしに「癒し」はないということを知らしめています。こうして、師は青年期には強壮な身体をつくりあげていたのです。

宇宙への夢――ロケット研究の機縁

　アルプスでの苛酷な経験をした翌年、三井青年はベルリンに帰着します。雪中の貴重な体験を講演しました。その時、熱心に耳を傾ける一人の少年がいました。

「魂がロケットとなって宇宙旅行をやってきた、ということを話したのです。私がちょうど三十歳で、フォン・ブラウンという十五歳の少年が私の話を真剣に聞いていました。この出会いによって、二人でロケットの研究を始めたのです。魂だけでなく肉体もともに宇宙旅行ができるように、とね」

こうして十五歳の少年とともにロケットの研究に取り組み始めたのですが、この少年こそ、のちにロケットの世界的権威となるフォン・ブラウン博士その人だったのです。一九四二年にロケットの原型（Ｖ２号）を完成、このロケットは第二次大戦中のロンドン攻撃に使われたようです。その後、アメリカのアポロ宇宙計画で活躍したことは世界中で周知のこととなりました。

三井青年の影響がすべてではないにしても、少年の才能を引き出す切っ掛けとなったことはたしかです。人の出会いは、実に不可思議なものという感慨を持たざるを得ません。そこに感応あれば、このように創造への道が開ける例があるからです。

いろいろなアイデアはどんなときに浮かんでくるのでしょうか。師はこの問いにこう答えています。

「自分というものがなくなって、宇宙と一体になったときにいろんな考えが浮かんでくる、ということですね。これはもう、自分の頭の中から浮かんでくるのではなくて、やっぱり、仏さん、神さんの指図というようなことだろうと思うんです」

宗師はいとも簡単な言葉でしかおっしゃいませんが、アイデアやインスピレーションは、問題をつきつめていくことによってしか生まれないということを、いつも身をもって示されていました。やはり、血の滲むような努力と多くの汗を流さなければ、神仏といえども簡単に背中を押してはくれないはずです。

三井宗師のもともとの専門は高速内燃機関に関するものだったのです。高速内燃機関については、オートバイ、自動車、飛行機、それにロケットの開発が思い浮かびます。ドイツに赴かれた一九二一（大正十）年頃は、ロケットはともかく、当時の先端科学技術といえば何よりも飛行機でした。ジュラルミンなどが開発され、飛行機が飛躍的に発展しようとする時代です。　朝日新聞の飛行機「日本号」がシベリアを横断してヨーロッパに行くまでに何日もかかったという頃、師はドイツで飛行機のエンジンの研究にいそしんでおられたのです。その研究がオートバイにも及ぶのですが、それればかりではなく精密機械にも興味を持ち、カメラのツァイスイコン、ライカなどにも師のアイデアが取り入れられました。また、ビニールの元祖となるものも考案されたということです。

当時のドイツでは、研究者のアイデアのオリジナリティや個性的な意匠を大切にし、公平な目で採り挙げる国だったのが幸いでした。学閥や組織の派閥の力学が左右する国柄だったならば、アイデアが斬新であればあるほど握り潰されるにちがいありません。まして宇宙だのロケットなどと口走れば、科学者というより夢想人間として一笑に付されてしまったことでしょう。

（三）運命の岐路――梵字との縁

十年ぶりの帰国

その当時、ロケットの研究仲間は、みなアメリカかロシア（旧ソビエト）へ行くことになっていました。宗師と交遊のあったフォン・ブラウン氏（のちに博士）はアメリカに渡り、アポロ計画を推進されましたが、三井師はロシアに行く予定でありました。

ところがその時、「父危篤」の知らせを受け、またドツに戻るつもりで大した身仕度もせず、取り急ぎ船上の人となったわけです。

まだ旅客機などない時代ですから、故国に着いた時にはすでに遅く、御尊父は他界されておりました。ドイツに戻る予定も、まわりの方の反対から実現しませんでした。しかし、もしドイツに戻ってその足でロシアに行きロケットの研究に携わっていたならば、二度と日本の土を踏むことはできなかったであろう、と言っておられました。

ドイツから帰国されたのが一九三一（昭和六）年ですから、本来ならば専門分野である飛行機開発に着手されるのが順当というものでしょう。そうすれば時代が時代だけに、戦闘機といった兵器生産に携わることになったことでしょう。詩人の松野茂さんは次のようにおっしゃっています。

「もし氏が帰国したころ専門分野の飛行機生産に身を置いていたなら、あるいは精鋭〝隼〟以上の性能を発揮する航空機を発明したかも知れない。しかしそうなれば、そうなったで最大級の殺戮に加担することになったであろう」（「大法輪」昭和四十八年十月号）

一九三一（昭和六）年といえば、日本の国が大きな曲がり角に立ち至った時です。民衆は不況の中で喘いでいました。世界恐慌は、一九二九（昭和四）年十月二十四日のニューヨーク・ウォール街株式市場大暴落に端を発したのですが、その荒波はなかなか収まらず、内務省が失業防止委員会などを設置したりするものの、ますます失業者が増え、大学を出ても就職が困難な状況でした。貧しい農村では若い娘の身売りさえ常のことになり、その度合いがますます激しさを増していく傾向にありました。

そんな日本に三井師は帰国しました。飛行機については専門分野ですから、航空機生産に携わるはずでしたが、そうはなりませんでした。最新の知識と技術を身に付けて帰国した人を受け入れるには、日本の状態はあまりに旧弊なままでした。斬新なアイデアも進言も握りつぶされてしまいます。

もしそれが受容されていたならば、松野さんが言うように高性能の戦闘機を造ったかもしれません。早くからロケットについて考えたぐらいですから。しかし、当時の日本の土壌は、新しい種を育むには適していなかったと言えましょう。たとえば、太平洋戦争の雲行きが怪しくなった頃のことです、B29をはじめとする米軍戦闘機の侵攻経路の予想図を作り、対空高射砲の適切な設置地域を軍当局に具申したことがあるそうですが、検討することさえせずに却下されたということです。ことほどさように当時の日本人は柔軟性に欠けていたのでしょう。

しかし、宗師のためにはこれが幸いしました。耐水耐火用紙「フェスト」などを発明しましたが、商品化されませんでした。帰国以来約四十五年に亙る石造彫刻の設計と梵字の研究に大きく舵を切ることになったのです。

石造の研究に転身する

ロケット工学という分野からの石造物研究への転身は、かなり大胆であります。そこから仏塔や梵字研究にいたるつながりは、科学とはずいぶんかけ離れているようにも思えます。しかし、それゆえに宗師の幅の広さというものが伺える思いがします。沈着冷静な科学者の頭脳と、情熱的な芸術家の心を持たれ、制作や研究に励まれたのです。

石造美術作家としての研究はたゆまず続けられました。ＢＭＷで世界を駆け巡ったとき、エジプトのピラミッド、スフィンクス、ネパールなど各地に散在する石造遺構を臨地考察されました。それらの石造彫刻が死者の霊をなぐさめ、また何千年もの長い間残されていることに心打たれ、そのことが石造芸術家の基盤を築いたといえましょう。

古建築の泰斗、石造彫刻の権威であられた京都大学の天沼俊一博士の指導を受けられました。三石造形藝術院を創立なさったのは戦後のことですが、この道を選ばれ深く探求されたのは、宗師のドイツ留学における内燃機関の研究がナチスのＶ２ロケットなどの兵器に利用され、心を痛められたこととも無関係ではありませんでした。まして無謀な戦争の挙句、三〇〇万に余る無残な死と廃墟をもたらした日本の惨状を見たことによって、ますます仏教関係の石造彫刻の設計と制作に没頭されたことは疑う余地がありません。

石造彫刻の設計を続けていく上において、仏教の宝塔や五輪塔に刻むための梵字種子の知識が必要となり、梵字書体の研究を重ねられました。しかし、ただ単に石造彫刻に付随しての梵字研究ではありませんでした。それは留学時代に、各国の学徒が西洋文化発祥の起源であるギリシャ語とラテン語の学習を必須科目とされているのを見るにつけ、東洋人としての自分はまず東洋文化を学ぶべきではないか、と自覚されたことに基づいているのです。

宗師は「東洋の精神文化はとりもなおさず仏教が中心であり、その真髄はサンスクリット、**梵字が根源をなしている。そして仏教こそは世界人類の文化の中軸として、ひいては　全人類の福祉、世界平和を実現する原動力**」との信念を抱かれ、それゆえに梵字の研究に生涯をかけられたのです。

師は独善的に仏教を強調されたのではありません。さまざまな宗教を学び、それぞれの良さを理解しておられました。ヨーロッパではキリスト教を、中近東ではイスラム教のあり方を見聞、インドではバラモン、ヒンズー教を実地研究し、帰国してからは仏教、神道、儒教、道教などの修行研鑽の結果、東洋文化の源泉資料は梵字であるという確信を持たれたのです。

さまざまな宗教の長所を知り、研究を重ねるにしたがって、自己の愚を悟ったがゆえに自ら「愚空」と名乗るようになりました。

学徳兼備の名僧の大森禅戒禅師に教えを乞う

宗師が梵字を研究していく上で師事された方は、駒沢大学学長を経て、後年曹洞宗永平寺の第七十世貫首となられた、大森禅戒禅師でありました。

「奝円」の法名を頂いたのは禅戒禅師からです。禅師はどんな方だったのか、奝円宗師自身の語る「わが師」という文章がありますので、それを見ることにいたしましょう。

〈……大森禅戒禅師は私に仏教、とくに梵字を教授して下さった方で、いまも〝師表〟と仰いでおります。

私は山梨県の敷島が故郷で、現在もそこにいるんですが、禅師が四十代に住職として隣の竜王村にこられたときから、大本山の貫首になられる見識がある――と県内のあらゆるお坊さんが注目していました。

当時の甲府中学校（現・甲府一高）の大島正健校長は、大学の学長さん以上に立派な方でしたが、その人と並んで、県民から仰がれた大人物でした。

中学生の私は、校長さんも、ご住職も人の鑑というので発奮しました。後に私が海外に行くきっかけとなったのは、大島先生がクラーク精神の〝ボーイズ・ビー・アンビシャス（少年よ大志を抱け）〟を強調されたからです。

帰国後、大森先生と再会。その時、建築界の泰斗といわれる天沼俊一博士とめぐり会った機縁で、私はロケット技師から仏教関係の数少ない石造美術作家へと転身することができたのです。

大森先生は永平寺第七十世貫首で学徳ともに備わった近代の名僧といわれています。

明治四年、福井県丸岡町のお生まれで、曹洞宗大学（駒沢大学の前身）を卒業後、比叡山天台宗大学、真言宗高野山大学、竜谷大学、奈良東大寺勧学院等で華厳・天台・真言など各教学を学ばれました。真言宗のお坊さん方には禅宗のお坊さんで梵字をやるのはおかしいと感じる方がいるようですが、先生は**「仏教は一宗一派に偏してはいけない。〝密教〟を知らねば本当の教えは分からない。〝顕教〟と〝密教〟は不二のもの」**と言っておられました。

先生は弱冠二十九歳で曹洞宗大学学監兼教授となられ、また、視野を海外へと広め三十三歳から七年間、欧米に留学されました。

最初アメリカに渡り、ウェストバージニア州立大学につづいて、イギリスのオックスフォード大学でそれぞれ二年間、ドイツのライプチヒ大学で三年と世界各国の宗教哲学・宗教制度・比較宗教学を修め、さらに欧米の宗教事情・社会事情等を視察。途中、インドの仏跡をくまなく巡拝して帰国されています。

大森禅戒禅師

そして山梨の慈照寺住職になられたのが一九一二（明治四十五）年――。隣村で育った私は、中学に入学したころでした。名声を聞き尊敬はしていても、私にとってははるか彼方の人でとてもお話することは出来ませんでした。

その年、再び曹洞宗大学学監兼教授となられ、大正九年から二年間、こんどは欧米各　国ならびに中国・韓国宗教事情を視察されました。豊富な海外経験が買われ、昭和四年には管長代理としてアメリカ、ハワイ諸島へ出張布教に赴かれました。

その後、駒沢大学学長、永平寺東京別院監院兼住職、曹洞宗管長・貫首、総持寺貫首となられ、一九四七（昭和二十二）年、七十八歳で慈照寺東堂で遷化されました。

仏教だけでなく世界の諸宗教について学ばれた数少ない名僧智識ではなかったでしょうか……。

私が、直接お会いして教えを受けたのは、昭和六年にヨーロッパから十数年の留学を終え帰国してからです。中学時代とは違い、私も世界中を回り、年もとって少しは図々しくなったのでしょうか、話が合うようになったのです。それと同時に、私は学生時代から宗教に関心があり、宗教の話から梵字の話が出てきました。

「欧米の文化はギリシャ、ラテンから発祥している。ところが東洋の文化の根本は梵語ですが、それは忘れられている。これが東洋文化が西洋文化から追い越された原因であるから、根本から関心を持ってやらねば西洋文化を追い越す東洋文化とならない」ということから、私の梵字の研究が始まりました。

当時、大森先生はお坊さんたちに梵字の講習をされており、私もその中に入れてもらって教えを請うたのです。お互いに世界中を回っていたので、気心が知れ、特別に、まるで父と子のように親しく教えて頂きました。

竜王村に慈照寺の檀家総代に親戚がおり、私の妻も寺の檀家総代の娘で、大森先生に子どものときからかわいがってもらったそうです。高ぶらず、おだやかな方だっただけに子どもたちにも、人気がありました〉（「中外日報」昭和四十九年六月一日付）。

神代風の結婚式

俗に類は朋《とも》を呼ぶと申しますが、天はその人の間尺に合う幾人かを用意してくれているかのようで、何とも感慨深いお話です。

結婚式の模様がこれまた、たいへん変わっていますのでそのことにふれておきましょう。

愚空奝円三井師が結婚なさったのは、帰国した翌年の一九三二（昭和七）年九月十三日のことです。その結婚式がまた並みではありません。新郎新婦ともに古代の礼服すなわち神代風の特別仕立ての衣装を身に着け、**富士の五合目にて厳かな祝言を挙げられた**というのですから、これは前代未聞のことです。高天原か天浮橋の伊邪那岐・伊邪那美ノ神のような格好ですから、みな驚いたことでしょう。もちろん写真が残っています。知らない人は映画の撮影かと思われたかもしれません。

神代風の特別仕立ての衣裳で結婚式を挙げた。（1932年）

「富士山は、見かけはたいへん美しいが、実際登ってみると、石だらけのけわしい山道です。結婚生活も同じで、一見楽しい夢のような生活に見えるが、人生は厳しいものだ、ということを妻に知ってもらいたかった」と宗師はおっしゃいます。

それだけの理由なら普通の登山服でよさそうなものですが、そこがご自分でも認めておいでのように一風変わっている所以です。このユニークな装いをする変人ぶりは一風どころではありません。近年では結婚式場の業者が、平安時代の十二単の着せ替えを考えて話題になったことがありますが、さすがに神代までは考え及ばなかったようです。**富士の山を式場として、神代の衣装を考えついたのは日本の原点に戻るという意味です。**

一九三二（昭和七）年といえば中国との関係がますます捩《ねじ》れていき、三月に日本帝国の軍部が清朝の廃帝溥儀を担いで「満洲国」建国宣言をした年です。九月十五日には日満議定書調印（満洲国承認）が行われますが、念のために申し添えますと、そういったことに絡めてご自分たちの神聖な結婚式を国産みの神話になぞらえるような、そんな軽薄な人ではありません。蛇足ながら、師の考え方は、混迷の中にある現実政治とか軍部の動向に雷同するようなものではまったくなかったことだけは確かであります。この年にドイツではナチスが第一党となりヒトラーが台頭して、世界にとっては不吉な暗雲が漂い始めるのです。

（四）奝円宗師の思想形成・阿吽の宇宙精神

阿吽の宇宙精神とは

奝円宗師の石造美術への転身は日本の国が凶々《まがまが》しい方向に曲がって行く時期でありまして、それに反比例するかのように、その研究は東洋文化の根源に溯ってなされることになります。

まず、多宝塔、五輪塔、宝篋印塔《ほうきょういんとう》など多層の石塔をはじめ板碑《いたび》、石幢《せきとう》、笠塔婆《かさとうば》にいたる石造物の形の研究から入られました。日本中の古刹や廃寺等を巡ってさまざまな石造物の検証を専《もっぱ》らとすることから始められたのです。分野は別ですが同じようなことをなさった人に家紋・名字研究の大家、丹羽基二先生がいらっしゃいます。全国のお墓というお墓を踏査されたようで、一日の取材が夜にまで及んだときなどは訝《あや》しい人間に見られたと語っておられます。お名前の「基二」の「基」の字を「墓」と書かれるぐらい熱心な研究だったようです。わが師もそれに劣らずあらゆる石造物を探し出して計測し、ご自分の発案するデザインの資料といたしました。

もともとが科学者だけに石の計測や造形にはゆるぎはありません。前述の京大の天沼俊一博士、次いで東大の伊東忠太博士から第一級の石造美術家であると、高い評価を得ました。石造建築の設計に没頭しているとき、石に刻む梵字種子に関する知識が不足していることに気づかれ、そこで大森禅戒禅師の教えを乞うことになったのです。お二人の出会いについてはすでに前の項で述べた通りです。

それがきっかけとなって梵字研究に邁進されることになります。長い歴史の間には誤って伝写された梵字があり、研究を重ねることによってそれらの発見と訂正をしなければならなくなり、正しい梵字の顕彰とそこに蔵される意味の探求に向かわれたというわけです。この章の初めに「阿吽の宇宙精神」と「宇宙精神のまごころ」についての師の文章を掲載してありますが、阿吽についての具体的な記述がありますので、引用してみます。

〈阿吽とは、悉曇梵字にて象徴せる諸仏諸尊の通種子にして三千大千世界、すなわち全宇宙の万有が発生する理念の本体にして、更にそれが帰着する智徳生育の根本であります。ゆえに阿は、諸法本有の理体で胎蔵界をあらわし、吽はその智徳で金剛界をあらわします。梵字の基本文字は、総て阿字から発生した字母であり、あらゆる梵字の根元であります。吽字はすべての終極を意味し、この字をもって終わるといいます。

すなわち、阿は一切諸法の太初で、吽はその窮局を意味し、天地宇宙間の森羅万象、その総てが阿吽の動きにして、その作用であります。

阿は口を開いて発する、初めなき最初の音声で、人間の誕生したときもアーと発声します。吽は口を閉じて発する、終わりなき最後の音声で、人間が死するときにはウーと口を閉じて終わるのです。

また、出息に阿字、入息に吽字を観ずるを阿吽合観といいます。阿吽の呼吸は大自然の古今をつらぬき、万物をはぐくむ、大生命の神秘たる、その神髄の息吹きにして、宇宙大霊の呼吸そのものであります。

その阿吽の呼吸と自己との合一を念願しつつ、大宇宙、三千大千世界の象徴である「阿吽」の世界を瞑想し、さらにその書写造顕に精進されることにより阿吽の呼吸が体得できるのです。

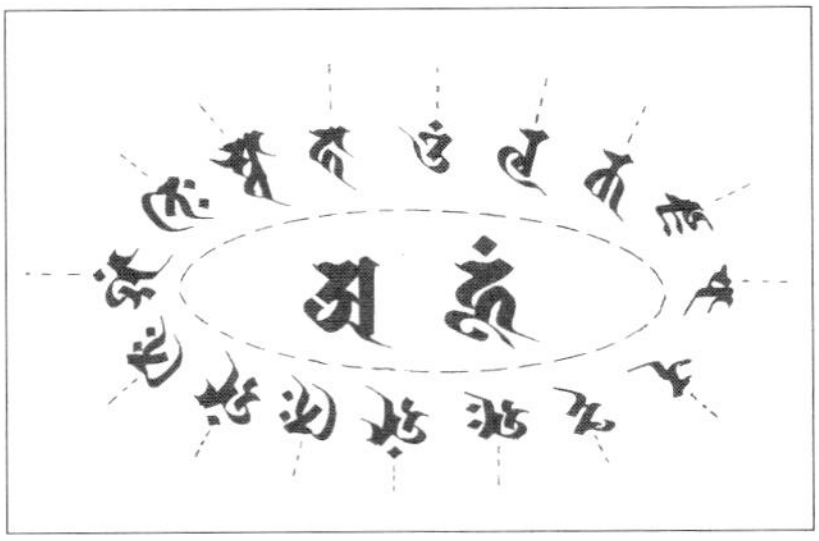

阿吽の宇宙マンダラ。（世界平和マンダラ）

その阿吽の呼吸を体得し、阿吽に融合することによって、阿吽の宇宙精神たる「まごころ」を自らのこころとすることができるのです。「まごころ」とは天地宇宙、大自然のこころであります。「まごころ」は天地宇宙、神、仏に通じ、果ては草木にも通ずるものです。

その「まごころ」により、はじめて全人類の福祉平和世界開闢育成が実現するのでございます〉

破滅へと突き進んだ戦争

宗師が内面世界の坑道を掘り続けているとき、日本の外部社会は破滅に向かって突き進んでいました。

日本は一九三三（昭和八）年に国際連盟を脱退し、国内では思想弾圧が激しさを増して行きます。陸軍の統制派と皇道派の派閥争いの中で、皇道派の昭和維新計画がひそかに進行し、一九三六（昭和十一）年の「二・二六事件」となって暴発します。翌年には盧溝橋で日中両軍の衝突によって戦線は拡大する一方です。十三年に国家総動員法が公布され、十四年にはノモンハン事件が起こり、ヒトラー・ドイツのポーランドへの進撃によって第二次世界大戦の幕が切って落とされました。その翌年には日独伊三国同盟が調印されたかと思うと、一九四一（昭和十六）年十二月八日、真珠湾攻撃によって太平洋戦争が始まってしまいます。

斎円宗師はアメリカの空軍は富士山を目当てに攻めて来るので、そのつもりで防備することを望むと軍部に進言しましたが、当時の大将は海から攻めてくるということを念頭においていたので、斎円宗師の進言を無視しました。

その後日本がどのような惨めな負け方をしたか、どれほど多くの人命が理不尽にも失われたか、多言を要しますまい。

こうした時代の流れの中で、師のこころの波立ちは穏やかであったはずがありません。国内だけを見ましても、悲惨な沖縄戦、本土空襲、広島・長崎の原爆投下、将兵のみならず日本国民は地獄を見たのです。師もまたその地獄をこころに刻みつけたことでしょう。

一九四六（昭和二十一）年十一月三日、明治憲法に代わる日本国憲法が公布され、翌年五月三日に施行されますが、師は新憲法の理念の高さにこころ搏《う》たれたのです。現今、憲法改正論議がなされていることはともかくとして、師は新憲法の理想とご自分の思想を重ね合わされたことは確かです。

世界平和の開闢《かいびゃく》育成の提唱――三井斎円宗師

三石造形美術院を主宰されていた師が、一九五〇（昭和二十五）年四月十五日　身延山八十四世深見日圓法主猊下へ提案進言を行なった原稿の写しが残されています。「世界平和開闢の根本霊山の開基」と標題にあります。長くなりますが、その中身をそのまま全文掲げます。師のキーワードの一つに「言霊」がありますが、師の言霊としてお読みくだされば幸甚に存じます。

〈世界の恒久平和は実に全人類の憧憬であると共に我ら新日本国民の念願である。それ故わが日本国民は、正義と秩序を基調とする国際平和を誠実に希求して、新憲法に於いて戦争の放棄を宣言したのである。即ち、この新憲法は国家間に於ける戦争を未来永劫に絶滅せんとする熱烈な悲願を前提として、世界恒久平和に貢献せんとする我等平和愛好の大和民族の決意を表明したものである。

この崇高なる理想と目的の達成のために平和の真の使徒となり、世界に魁《さきが》けしてこの平和の大道を勇往邁進し、その先駆者となることこそ、我等日本国民の世界人類に対する貴重な義務であり、また天与の使命である。

新憲法は人類普遍の原理、普遍的な政治道徳の法則、公正と信義、正義と平和、自由と秩序とを基調とする人間相互の関係を支配する崇高な理想によって貫かれているものであって、国内国際両方面の政治において、道徳の優位を認めたもの即ち道徳を基盤としたものである。

それ倫理道徳は、古今を貫く天地の条理である。天地の条理即ち神の定め給うた萬古不易の大自然の法則、それは倫理的な法、道徳的の法である。而して世界各国の国民がこの宇宙の真理たる倫理的道徳的な法を遵奉せざる限り、世界平和、人類の福祉というものは実現できない。

宇宙の真理は太陽の如く我々が認識すると否とに拘らず厳として我々に君臨する。理についての盲者はこれを否定するであろうが、それに依って太陽の存在は消滅するものではない。これと同様に真理は世の始めからその終わりまで苟《いやしく》も人類のあらん限り、また人類自体の存否を超越して宇宙の大法則として存在するものである。万物はこの法則に規律せられ、人類はこの法則に従うことに依って、その使命を完うすることを得るのである。

真理こそ我々に対する絶対唯一の権威者である。この宇宙の真理即ち大自然法の問題になってくると、これは人間性の根本に関係してくる。人間は一体何のために生きているのか。か丶る根本問題は、哲学の問題であると共に宗教の問題になってくるのである。そこで普遍的な原理である大自然法に附帯する倫理的道徳的な法を遵奉するように人間を教育しなければ世界平和は到来しないのである。この倫理的道徳的な法を吾人に覚らしめんがために、その根本的な教育をする使命を有するのが即ち宗教である。故に宗教に俟《ま》たなければ世界平和、人類の福祉というものは実現できないのである。宗教は人類愛と正義の真理が根本的に深化された教えである。この教えによって世界恒久平和の精神的基礎を養成し我々をして絶対的に平和を求める信念に徹底せしめなければならない。

吾人は具体的な倫理的内容を与え、強固な信仰の淵源となる宗教によるのでなければ、平和問題の根本的解決は不可能であると確信する。世界人類はこの宗教の力によってのみ同胞として結合せられ得るのである。

平和の実現のためには人間の内心の改造、先ず心の中に平和が建設せられなければならない。この心の中の平和建設を可能ならしめるものは宗教である。我々が宗教的即ち霊的再生以外には世界平和への道は存しないのである。

宗教は特に人心の深奥を開拓し、乏しいうちにもうるおいと喜びを見出すことを得せしめて、我々に確固たる世界観を与える偉大な力のあるものである。

幸い我が日本には仏教や儒教から受け継いだところの道徳的確信と美風とが存する。そこで我が国民道徳の仏教的完成の信仰こそ世界平和に貢献する確固たる基礎を与うるものである。

四海同胞、即ち世界人類はその始祖に於いて共同の父母から生まれた同胞であり、人種の差別を超越した普遍平等を理念とする怨親平等観の本尊たる釈迦の思想信念に徹底すれば、世界平和が実現することは自明である。この宇宙を貫き、歴史を貫く永遠の心理に依って恒久平和の世界建設の基礎を築かんと努力することが我等日本人に課せられた創造的使命である。

そこでこの崇高なる使命達成の最初の階梯として来たる昭和二十七年、我が日本仏教界の大傑僧たる日蓮の開宗七〇〇年にあたり、その記念事業として釈尊の教え、世界平和怨親平等の精神を観感の妙法に依って老若男女、内外賢愚一切の衆生に会得せしめんとする久遠不滅の霊的信仰礼拝の対象物を甲州身延山内に建立し以て平和世界開闢の根本霊山を開基せられんことを提案せんとする次第である。

その構想の概略は仏教々理を基本として、池泉または枯山水の造庭様式に則りたる九山八海からなる須弥山《しゅみせん》形の石組みをなし、その中に霊鷲山《りょうじゅせん》を築き、また呉橋形の石橋を架け、法界の寂光浄土即ち世界平和光明発祥の楽園を構成して、その霊山上に「常在霊鷲山」という久遠実成の本師釈迦牟尼世尊の出現、法華経大宝塔の湧出、多宝如来の出現、またその須弥山東方の東勝神洲に聖徳太子の再来、五重宝塔の建立、さらにこの三界の火宅に喘ぐ全人類を済度せんと誓願して、**「われ世界平和の柱とならん、われ世界平和の眼目とな**

らん、われ世界平和の大船とならん」という昭和の日蓮大菩薩の光臨と多宝仏塔、宝篋印塔、五輪塔等の造立をなし、こゝに仏教の復興、日本の再建並びに人類福祉のために平和世界開闢の根本霊山の開基を悠久不滅の生命を有する石造荘厳芸術に依って創造顕現せしめられんことを茲《ここ》に提唱するものである〉

（五）石造・造立の実績

中里介山の文学を記念する大菩薩峠の宝塔

宗師の建立された石造は数々ございますが、皆さまが大菩薩峠にハイキングなどなさる折には、中里介山文学記念碑としての宝塔にご注目下さい。宗師の作造になるものです。

この宝塔は、甲斐大菩薩峠の頂上に霊峰富士を背景にして造立されたものです。一九五八（昭和三十三）年当時は、大菩薩峠のポスターとして中央線各駅に飾られておりました。現在は塔のみが頂上に置かれていて看板もなく立っているとのことで、近いうちに塩山市にお話して看板を立てたいと思っております。

頌春　　　　　　　　　　　　　　　　　　　　　　甯円　三井英俊

昭和丁酉歳旦の大菩薩峠
黎明の甲斐山塔に初富士の崇高き眺望四方に冠たり
介山の文学塔は大菩薩峠の上にとは聳ゆる
大菩薩峠の塔に初日映え不二晴れ見えて千代に目出たし
　峡中巒壑五雲懸　初旭映輝蓮嶽鮮
　瞻仰介山文學塔　大菩薩嶺（峠）曙光妍　〈六十二頁写真参考資料〉

一九五七年の元旦天明に塔と共に、その作者甯円が峠の頂上に立った時の右の詩作を、その写真と共に、御笑覧に入れて新春の御挨拶に代えさせて頂きます（この写真はその際、三石造形藝術院写真部島田武雄技師の撮ったものです）。

さて、『大菩薩峠』第一巻「甲源一刀流の巻」は、いきなり机龍之助の理不尽な斬殺行為から始まりますが、映画や芝居によってご存じの方が多いと思います。

小説の冒頭、「大菩薩峠は江戸を西に距る三十里、甲州裏街道が甲斐の国東山梨郡萩原村に入って、その最も高く最も険しきところ、上下八里にまたがる難所がそれです。標高六

大菩薩峠に造立された中里介山文学記念宝塔

千四百尺、昔、貴き聖が、この嶺の頂きに立って、東に落つる水も清かれ、西に落つる水も清かれと祈って、菩薩の像を埋めておいた、それから東に落つる水は多摩川となり、西に流るるは笛吹川となり、いずれも流れの末永く人を湿おし、田を実らすと申し伝えられてあります」と書かれています。日本武尊や日蓮上人の遊跡の地であることにもふれられています。

　中里介山の故郷多摩地方は、武田家の遺臣団と大変関係が深く、墓所には武田菱の家紋が多く見られる土地柄ですが、師が文学碑に関係されたのは、そういった地縁や地勢によるのみならず、中里介山の壮大な構想に共感したからだろうと思われます。作者中里介山は全二十巻に及ぶ大河小説に次のようなエピグラフを付しています。

「この小説『大菩薩峠』全篇の主意とする処は、人間界の諸相を曲尽して、大乗遊戯の境に参入するカルマ曼陀羅の面影を大凡下の筆にうつし見んとするにあり。この着想前古に無きものなれば、その画面絶後の輪郭を要すること是非無かるべきなり。読者、一染の好憎に執し給うこと勿れ。至嘱」

師はこの思想に感銘されたに違いありません。

大菩薩の石造に関連して多く述べましたが、師の作品が案外皆さんの近くに在るということを知って頂きたいために、一つの例として手はじめに紹介いたしました。『大菩薩峠』には人間小我の諸相が渦巻くごとく展開され、最終巻「椰子林の巻」では無明の世界を脱出しようとする少数の人の物語となって、未完のままこの小説は途切れています。

ところで、宗師はどんな人間観をお持ちだったのでしょうか。

裔円宗師の人間観

「『人間』とは、『人生』とは、又『神』とは、『佛』とは何か」と題した短い文章があります。

へ人間とは、その文字の如く、人の間に生まれ多くの人の間に生活するものである。そして人と生まれて人として生きることが人生なのである。それゆえ人と生まれた地上の全人類が、お互いに楽しく幸福に生きることのそれ以外に人生の本願本望はあり得ない。

そこでせっかく祖先父母の恩沢余慶に浴して、万物の霊長、生物最高の人間として生まれてきたからには、その依って来たるところの自己本来の姿を悟覚認識することが、人生幸福への最初の扉である。

萬物一如同身　　萬物一如同身にして
天地与我同根　　天地と我とは同根なり
祖孫与我一体　　祖孫と我とは一体なり
是自己本来姿　　これ自己本来の姿なり

かくの如く悟って、自己の妄想邪念無くした無我の真心こそ、天地宇宙に偏在する心の実体であり、又この宇宙の古今を貫く大生命の流れ、それが大自然大宇宙の大霊であり、また神であり、佛である。そしてまたそれが即ちわが心の本体である。

この大自然本来の自己の姿こそ、目前のこの世限りの小我ではない、**永劫無涯悠久の大我であって、それがまた無量寿の「佛」であり、これが即ち「神」そのものである。**

そこで宇宙天地と共に自然に生きるのが、人間健康の極意である。この脩円独特の人生哲学は、かつて世界東西五十有八ヶ国各地遍歴に際しての数多人間社会の人生経験と、多年にわたる幾多不凡の実地体験より得たる、心理的不抜の信念にして、皮相の現代科学を

超越せる大自然大宇宙の古今を貫く大生命の流れの、その奥底より感得せる霊的現証に依るものである〉

石造建立と作庭

文学碑につきましては、他にも太宰治の『富嶽百景』に関して御坂峠や天下茶屋記念碑がありますが、上記のような思想に基づいて造建された石造、作庭は数多あります。その中から代表的なものをいくつか選んで見ましょう。

前述の多摩地方八王子には、武田家滅亡後、信玄公の四女松姫が出家して信松院という庵を結びましたが、甲府市山宮町にある師の菩提寺青松院も武田家とゆかりのある寺院です。そこに師の設計になる宝篋印塔が建てられています。宝篋印塔の代表作の一つであります。

斎円宗師と石塔

三〇〇点以上に上る石造建立

山梨県都留市の保寿院には、高さ約一・八メートルの「アッツ観音」聖和菩薩を造建しました。太平洋戦争時の一九四三（昭和十八）年五月二十九日、北海のアッツ島で玉砕した山崎保代中将以下二六三八名の霊を慰めるためです。山崎中将の生家は都留市にあります。

奝円宗師は、石造彫刻は後世に残る立派なものを造りたいという信念でおられたので、技術面でも資金面でも妥協を許さず制作しました。これらのことにあたり片山石材社長様の絶大なご協力があったのです。

当時、ここに十五歳の少年（政門正）が修行しておりました。その後、彼は奝円先生の作品制作に大きくかかわり、この不思議なご縁が出来たと思います。

宗師は設計制作にあたり、怨親平等の仏教精神に基づいて、アッツ島で戦死したアメリカ将兵の菩提も等しく弔い、慰霊供養することを念願されました。

与楽観音像。（幼子の供養に）

観音像にはほかに**「与楽観音像」**があります。この観音様には、六観音の梵字種子が刻まれ、蓮の心字池は水入れと花立てに、また蓮の花はお線香立てという造りです。子どもさんをなくされた人からの依頼で、「預けられていた神の子がわれわれの手から天に帰っていったとしか考えられない」と、短い生涯を閉じたわが子の冥福を祈るため、慈悲を象徴した観世音像を望まれたのに応え、制作されました。

観音像以外には**「母の御像」**を創られています。宗師はドイツで、石像としては世界一といわれる「アルザスの聖母子像」に深い感銘を受けられ、一度立派な母子像をつくりたいと長い間の念願のすえに完成されたのが**「母の御像」**です。和服の母が子どもを抱いた純日本風で、富士山をかたどった台石の上に、台石のまわりには水晶の砂利を敷きつめて雲海を象徴しています。

母の御像（右）。制作中の奝円宗師（左）

母の愛、母の恩は、雲表にそびえる富士山よりも高く、海よりも深いことを表象されたものです。子どもはお釈迦さまをあらわし、「天上天下唯我独尊」の姿で天を指したその指に平和を象徴するハトがとまっています。宗師は、この母の御像より世界平和が呱々《ここ》の声をあげ、やがてそれを大きく広がって行くことを切に願われましたが、残念なことに模型のみで終わってしまいました。

仏塔につきましては数々ありますが、主なものを列挙しておきましょう。

まず築地本願寺和田堀墓地高木家塋域の「**涅槃仏塔**」(次頁・右)。インドのクシナガラにある釈迦の大涅槃像が奉安されている堂を石塔化したインド伽藍形式の設計がなされ、世界唯一の石造涅槃仏塔です。

「**原始仏塔**」は多摩墓地深沢家塋域、千葉県九十九里町の宮本家塋域に建てられています。「原始仏塔」とは、インドのブッダガヤ大塔の前身カニシカ大塔の原型と推定されるクムラーハール出土の円板に刻された仏塔のことで、師はそれを見学したときの印象が強く、それを現代に新しく甦らせようと創案されたのです。

五輪塔は神代桜で有名な実相寺の「**天民塔**」が挙げられます。その他の碑では、井上球二さんの記述にありました甲府市太田町公園の「**音楽碑**」が有名です(残念なことに今は撤去されてありません)。

作庭につきましても同じく、元紺屋町の妙遠寺の「**霊鷲園**(**一名天民庭**)」も井上さんの文章に出てきました(そこも様子が変わりました)。

川崎大師開基平間兼乗師の宝篋印塔造立。今から850年前に亡くなられた川崎大師開基平間兼乗師の宝篋印塔を制作。1977（昭和52）年11月吉日奉祀した

涅槃仏塔（和田堀墓地にて）

また、川崎大師開基平間兼乗師の「宝篋印塔」を造立されました。

今から八五〇年程前に亡くなられた川崎大師開基平間兼乗師の宝篋院塔を制作され、一九七七（昭和五十二）年十一月吉日に奉祀されました。

四〇〇点以上にのぼる制作の中から選んでみましたが、石造美術の観点からしても、いずれも昭和の名品、傑作として残るものばかりです。

（六）『梵字搨鑒《とうかん》』の完成

『梵字搨鑒』の出版

宗師は石造物制作の打合せに外出される時、大きな紙袋を提げて行くのが常でした。同じ袋を持ち歩く回数が重なりますと、底のほうが裂けてきたりします。提げ袋などほかにいくらでもある時代に、粘着テープで補って何度も使うのですが、これは吝嗇《けち》からそうしているのではなく、物を大切にする精神の表れのひとつです。

もしその様子をノーベル平和賞を受賞されたケニア副環境相のワンガリ・マータイさんがご覧になったとしたら、きっと感動されるでしょう。変わっているなどと思われるどころか、力を得て「ＭＯＴＴＡＩＮＡＩ」キャンペーンをさらに盛り上げるにちがいありません。

そのくたびれた提げ袋が、宗師にとってはこの上ない福袋なのです。詩人の松野茂さんが書いておられますが、何かの折にその袋を肩代わりに手にしたことがあるそうです。その重量がまた並みではありません。ビニールの吊り縄が掌に食い込んで、しばらくは縄目模様が消えなかったそうです。袋の中身を松野さんが目撃したところによりますと、供養塔の設計図、写真、数冊の参考書、契約書と見積書、列車のダイヤ表、分県地図、原稿などの他に折りたたみの傘までがぎっしり詰まっているという按配です。知らない人にはゴミ袋に見えるかもしれませんが、宗師の頭の中にはそれらの宝がきちんと整理されていたのでしょう。

宗師はドイツより帰国して以来、芸術家として、同時に梵字研究家として地道に努力してまいりました。その集大成ともいうべき『梵字揚鑒』を私財を投じて出版されたのが、一九七三（昭和四十八）年のことです。弘法大師生誕一二〇〇年にあたる記念の年でした。

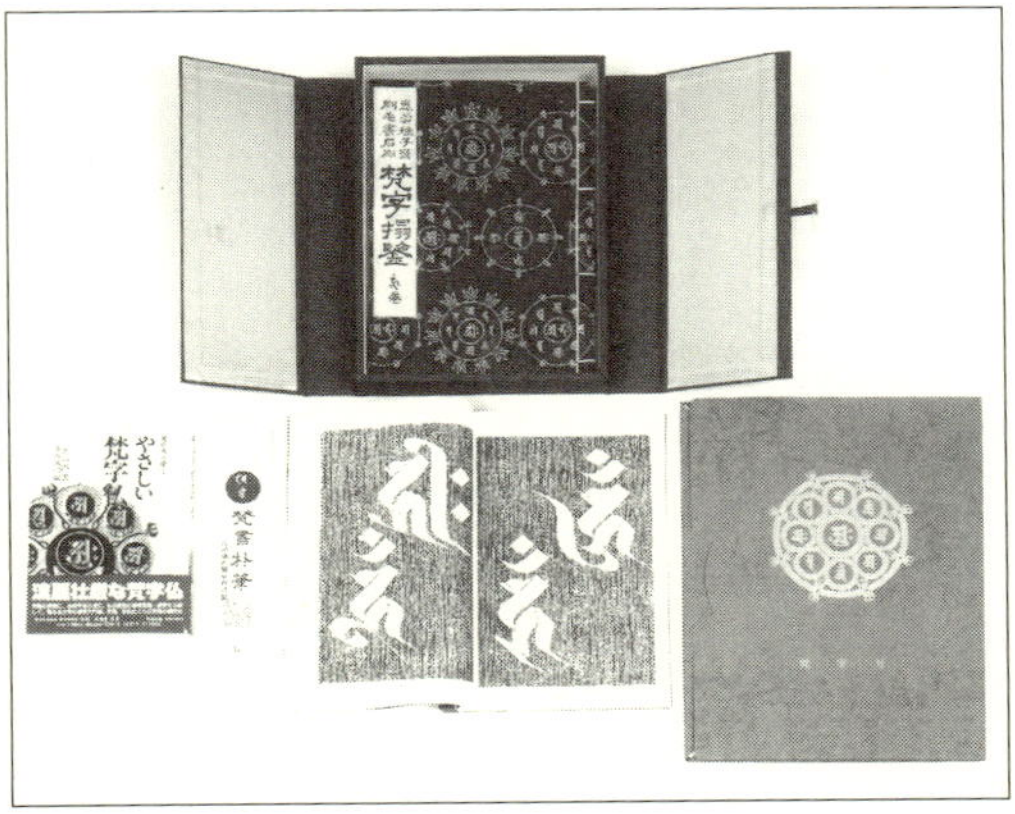

弘法大師生誕一二〇〇年記念出版

説明するまでもないことですが、「搨」は「収める」とか「覆う」という意味もあり、端的には「石ずり」（拓本）のことです。「鑒」は「鑑」に同じで、「かがみ」すなわちお手本の意です。

この『梵字搨鑒』を出版するにあたり多くの困難がありましたが、多数の方々のご理解とご協力を得ることが出来ました。特に写真家の島田武雄様のご協力は絶大なものがあり、毎日原稿作りに励んでおられた姿は忘れることが出来ません。

また、松野茂様は原稿校正とともに本の出版にあたり、莫大な費用がかかるので貯金通帳に印鑑を添えて申し出てくださったとのこと、裔円先生もさぞかし喜ばれたことと思われます。

この書は阿巻（龍の巻）と吽巻（虎の巻）の二巻一揃えから成ります。前者は梵字の拓本集で、後者は解説編です。諸仏諸尊を象徴する種子は梵字で表されます。如来、菩薩、明王、天部の区分に従って順番に、石に刻まれた種子の拓本集が阿巻です。それをつぶさに解説したのが吽巻ですが、それ以外に曼荼羅や真言についても述べられています。字母のことを「摩多」とか「体文」といいますが、母音字（摩多十二字、別摩多四字）、子音字（体文三十三字、重字二字）を採り挙げて、読み方、筆順、異体文字、切継点画、漢字音写、ローマ字表記、字義などについて解説されています。さらに、真言、陀羅尼、十三仏真言、光明真言、消災咒、仏頂尊勝陀羅尼、大悲咒な

『梵字揚鑒』を前にして自宅でくつろぐ裔円宗師

どを梵字で表しルビをつけています。特に諸仏の真言などは誤って流布されている場合がありますので、便利で役に立つ内容になっております。

なお、『梵字揚鑒』は拓本集ということもあり超豪華な装丁で、優雅無双の和綴じ、本文は純和紙使用での独特の印刷で、帙函造りです。また観音開きに作られたのは、梵字が仏様を象徴していることもあり仏壇にお祭りすることができるからです。このように内容外観ともに稀覯本《きこうぼん》として各方面から大変な反響を呼びましたが、出版のために私財を投じて田地田畑が紙に化けたと親戚から言われ大変心が痛んだようです。

また、お寺の数に見合った部数を印刷しましたので保管も大変でしたが、今後とも梵字宝典としてさらに流布してほしいと願わずにはいられません。

錚々《そうそう》たる方々のご推薦

推薦のことばを寄せられたのは、石橋湛山（元総理大臣）・川勝政太郎（石造美術研究の泰斗）・江馬務（元京都女子大教授）・小尾乕雄《とらお》（元立正女子大学学長）・野口二郎（元山梨郷土研究会々長・山梨日日新聞社創設者）といった錚々たる方々でした。その中から親友でもあった野口氏の推薦のことばを紹介させて頂きます。

「三石造形美術院を主宰する愚空齋円（三井英俊君）は、小林中氏（アラビヤ石油会長・

元開発銀行総裁）等と同級の大正初期の旧制甲府中学（現甲府一高）の同窓学友である。少年時代の彼は春夏秋冬単衣一枚で寒中足袋も履かず、暑中と同じ衣服で常に押し通した変わりもので、現在の敷島町の住居から当時舞鶴城内にあった学校に通学するに、雨風雪にもめげず終始駆け足をもってし、竜王駅を列車が発車すると同時に出発、約五キロの道を走って列車通学の友達よりも一足先に校門をくぐったという事情から「三井の奴は汽車よりも早い」と校内に於いて大いに喧伝されたものである。

又、当時の校庭にあった木馬、平行棒、梁木、トラッペース、鉄棒等の機械体操が得意で、倒立、廻転、飛越、大車輪、逆車輪、宙返り（大和魂）等の華麗にして高度な演技はいわばすでに六十年前に行われたウルトラCの元祖でもあった。

……今日まで大衆の目に映る変人の彼は、一服の煙草も一杯の酒もビールも口にすることもなく、はたまたゴルフ、マージャン、ボーリング、碁、将棋等所謂娯楽、レジャーの類一切に脇目もふらず馬車馬の如くに、かつての凡人の到達し得なかった目的地を目指して一目散に七十五歳の今が今まで駆け続け、走り続けて漸くここに像、塔に刻まれる諸仏、諸尊の紛れもないお姿を梵字種子を以って表現せんとする一念が天地神仏に通じ、遂に『梵字宝典』として永遠に咲きはえる麗花を見るに到ったのである。然るに、これに満足することなく更により大きく、より立派な開花結実を願って尚も休まず撓まずに、最後のゴール目掛けて全力を傾倒して、より力強くより速く走り続けるとの決意の程を自身満々に元気に語る三井奝円の健やかな魂の歩みと『梵字撮鑒』の上梓とを同時に祝福する次第である」

高野山に出版報告

『梵字撮鑒』の編集に携わった人たちで高野山に参詣し、弘法大師様に念願の『梵字撮鑒』が立派に完成し、出版の運びになったことを報告して参りました。するとどうでしょう。帰りました直後、たくさんの注文が舞い込みました。また、フランスのパリ大学やアメリカのコロンビア大学、イギリスのケンブリッジ大学を筆頭に、逐次欧米の諸大学からの注文に預かりました。これは弘法大師様が大変お喜びになった証《あかし》だからでしょう。

また清水谷恭順、芙蓉良順両猊下のような斯道の最高権威であられた数名の諸先生より、身に余る讃辞をいただいた著者奝円宗師は、それまでの苦労が一瞬報われた思いにひたられたことでしょう。

私もこの仕事をはじめて以来、大変立派な先生方と直接お話ができたことは、本当にこの上なき幸せでした。なかでも京都の臨済宗妙心寺の当時の管長である梶浦逸外猊下は、ご多忙中にも関わらず一時間以上もご面会下さって、「これは苦労の多い仕事ですね。役に立つことがありましたら力になりますよ」と勇気づけて下さいました。私は仏様のお言葉ではないかと目頭を押さえたものでした。

石田茂作先生も、お体がすぐれないにもかかわらずお会い下さいまして、「私も八十歳になり、役に立たないのに長生きして困る」と言われて驚きましたが、これらの大悟の境地に入られた人々にお会いできたことは、一生の良き思い出となっております。

梵字をかえりみて

繰り返しになりますが、石造芸術の研鑽と梵字研究は、師にとって不可分の要素でした。大森禅師の教えを受けてより、あらゆる悉曇文献を渉猟し、江戸時代の澄禅の『種子集』なども綿密に研究なさいました。そのためばかりではありませんが、宗師の芸術観は「**芸術は必ず宗教に通じ、宗教は必ず芸術を産み、芸術はまた観感の妙に依り、さまざまな深い宗教的敬虔の情を生み出す**」というものです。

無機的な科学技術文明の現代世界の中にあって、梵字の再認識がマンダラ的な生命の宇宙観を呼び戻すとする師は、「仏教精神の心髄は、色即是空、有無即表裏、顕密一如是諸仏教」と考え、次のように述べられています。

〈「仏陀」の説きたもうたままの、み教えの永遠なるいのちの泉、その源泉をたずね濁りなき清浄なる根本仏教の源流のほとりに立って見渡せば、そこにまずサンスクリット（梵語・梵字）によって表現された、仏教阿吽（諸仏・諸尊）の世界が展開するのである。即ちマントラ（真言）、マンダラ（曼荼羅）、ドハーラニー（陀羅尼）等によって森羅万象、宇宙生命真理の象徴、その造形化と、その縦横無尽の解説がなされていることが悟られるのである。それ故、仏教の根本知識と真髄把握にかかせない梵字の再認識が今ここに提唱される所以である。

斎円宗師の自宅書斎にて

仏教を母胎として創生成育発達せる東洋もろもろの彫刻、工芸、絵画、建築、築庭、造園、華道、茶道、書道、音楽等をはじめ、芸術界のすべての宇宙観、世界観、人類観、人間観、人生観等その哲学、宗教、思想等と又更に天文、暦学、易学等々其他全般に亙って、その深奥根底の源泉はみな仏教にあることを悟り得て、仏教原典の真髄根本把握にかかせない梵字の再認識をすることに依り、阿吽の極楽浄土門の扉を開いて現世に楽しく生きんとする万人は、須《すべから》く「阿吽の世界に眼を開かれよ！」「あゝ快々！　楽々！　阿吽の世界の人生は！」

如何に麗しき妙法蓮華も泥中にその根本のあることを忘るるなかれ。絢爛たる百花の色彩に観光客を眩惑し、枝葉徒に繁茂せる現代末世の仏教は、その根基たる阿吽の仏典、根本仏教を忘るることなく梵字を再認識して、マントラ、マンダラ、ドハーラニー等その根本を知って「ブッダに帰れ」「ブッダに帰れ」。仏陀に帰れということは、それぞれその原点に立って原初の法を見、法を知り、法にしたがって実践することである。

それ梵字を再認識してよく阿吽の原初の法を見て、それにしたがって生きる者は、即ち仏陀の近くにあり、常に仏陀を見るものである〉（「梵字をかえりみて」）

*

弘法大師の影響で平安時代は梵字研究（悉曇学）はさかんでした。平安末には心覚による『多羅葉鈔』三巻が著され、日本最古の梵字辞典といわれています。鎌倉・室町時代は悉曇学は低迷しますが、江戸時代になってまたさかんになります。浄厳《じょうごん》は『悉曇三密鈔』七巻でその先鞭をつけ、慧光が『枳橘易土集《ききつやくどしゅう》』二十六巻に及ぶ字典を作り、慈雲尊者飲光《おんこう》は『梵字津梁《しんりょう》』一〇〇〇巻という膨大な書を著しました。明治になって古来の悉曇学を修める人が少なくなり、伝承者は誤っているところまで受け継いで今日まで至ったのですが、奝円師は誤りの発見者でもあり修正者でもありました。また、くずれかけていた梵字の書体を仏として拝まれる、美しく秀麗な書体にもどすべく実に気の遠くなるような地道な仕事を長い間続けてこられたのです。
そして**梵字学の究極の目的は、「ブッダに帰れ」ということ**を宗派を超えて呼びかけることでした。「ブッダに帰れ」ということは、仏教の根本の思想を見直すことであり、仏教の本当のあり方を見つめ直してほしいとの、宗師の念願がここにこめられているのです。

「水書新鑑箋《みずがきしんかんせん》」および「梵書朴筆《ぼくひつ》」を考案

また一方では梵字を手軽に学んで頂けるようにと、新案特許の「水書新鑑箋」および「梵書朴筆」を考案製作し、多くの方々の間に普及されました。

前述した通り「水書新鑑箋」は宗師発明に成るものですが、同じく「梵書朴筆」と併せて大いなる効力を発揮しました。梵字の優美荘厳の正書体が確実に書写できるのです。書写は祈りに通じ、正しい智慧を授かる――これが宗師の持論でありました。

私はお釈迦様の御教えを学ぶ機会を大切にし、また一人でも多くの方に学んで頂かなくてはとの思いでいっぱいです。

しかし、その方法となりますとなかなか思うようにいかないのもまた、確かな事実なのであります。ただ、現在の人々に抵抗なく仏様の御教えを訴えることができるのは仏教芸術を通じてと申し上げることができそうです。現在にマッチした仏教芸術を生み出すことを仏様も願っておられるのではないでしょうか。

『梵字揚鑒』の普及に携わる喜び

第二章でも述べる予定ですので多少重なりますが、ここで三十年以上に溯って、『梵字揚鑒』の普及販売を担当しました頃のことを述べてみたいと思います。そのことが私が梵字に関わるきっかけとなったからです。

出版以来、多くの反響がありましたことはすでに記しましたが、それは著者三井奝円宗師をはじめスタッフ一同の最も喜ぶところでありました。

しかし、一方では、残念なことに、一部の方は三石造形藝術院の一連の活動を単なる営利事業としか見て下さいませんでした。すべての人に理解して頂くのはなかなか容易なことではありません。

『梵字揚鑒』刊行の直接の動機は、もう一度仏教の根本知識の源泉資料として梵字を見直すことが第一義ではありますが、くずれた文字の修正もさることながら、根底のところでは、末世の状態がますますひどくなっていく世相への嘆きと深い憂いにあったと思います。どうかしてほんとうの仏様の姿を皆様に届けたい、これが師の悲願でありました。

刊行にはさまざまの困難がつきまといますが、『梵字摀鑒』刊行秘話とでも申しましょうか、少々ふれておきたく存じます。

準備を始めたのは一九七一（昭和四十六）年です。その頃はまだベトナム戦争が続いており、悲惨の報が世界を駆け巡っていました。国内では一九七一年にいたる二、三年前から連続する事件に、国際反戦運動、大学紛争、水俣や四日市の公害問題、赤軍派の日航機ハイジャック事件、東大安田講堂封鎖とその解除騒動、三島由紀夫氏の割腹自殺など騒然としていました。一方では、アポロ11号の月面着陸というビッグニュース（一九六九年）に世界中が驚嘆しましたが、地球上の紛争は複雑にエスカレートするばかりです。

一九七一年といえば、成田空港建設のための第一次強制執行で揉めていましたが、年末にはドルショックに日本中が慌てふためくという状態でした。

著者の裔円宗師は、そういう事ごともよくごらんになってのことですが心に秘して、日常生活や行動のすべてを仏様中心に置いておられたようです。外目には他のことには目もくれないというようなところが多々ありましたので、世間の方々には奇異に映るらしく「変わり者の裔円先生」で通っておりました。

この変わり者の先生が、なじみ薄く理解しがたい「梵字の本」を出版したいと言い出し、しかも当人が本の体裁や本文構成を希望する通りに刊行するためには、自費出版以外に方法がないと判ると、多額の費用をつくるため親戚一同の心配をよそに先祖からいただいた土地を売り、資金づくりを始めたのですから、さあ大変です。当人は、仏様の加護があって必ず力を貸して下さることを信じて事を運ぶのですが、周囲の者の心配は一通りではありません。

しかし、不思議にも行動を開始したとき以来、素晴らしい能力をお持ちの方が数名期せずして集まり、スタッフとしてご自分のことを忘れて本の出版に力を貸して下さいました。眼に見えぬ仏様のご配慮が眼に見える形となり心となって現れたかのようで、その不思議に感動いたしたのであります。

一冊の本を作るためには大変な困難がつきまとうのが常でありましょうが、とりわけこの本を生む苦労は大きかったのではないかと思います。梵字曼荼羅法輪模様の表紙も、素材クロスとして細かに梵字を織り上げるために納得のゆくまで試行錯誤を重ねたものです。結局、型紙から手を加えてゆくことになり、織物工場の格別なご協力を頂き、なんとそのためだけに三年以上の歳月を費やすことになりました。

仏様を表現することは、言い換えますと最善の道を探すことでもあるようです。そして多くの方々のご協力を得て一九七三（昭和四十八）年に出来上がった本は、観音開きの帙《ちつ》に納まり、あたかもお厨子に安置されたみ仏を実感させるほどに立派なものでした。

織物のヴァージョンとして、その布地は師のネクタイに転用されました。曼荼羅のネクタイです。

梵字普及を趣旨としながら、また協力して下さいました方々に御恩返しをと思いながら、どうも仏様を中心に生きる著者には本を売る才覚は見当たらず、半年すぎても倉に入ったままでありました。

刊行の前年には田中内閣が成立し、政界ばかりか世の中全体が金権体質に染め上げられるような、お金万能の世の中に変質していくばかりの時でした。

彼方から大森禅戒禅師の声

たまたま宗師の姪である私も、茶道を学んでいるうちに千利久の「茶の湯とは、ただ湯をわかし茶をたてて飲むばかりなる、もとを知るべし……**もとこそ仏法をもって修行得道することなり**」という偈を知り、日頃から仏教に関心を寄せておりました。

仏様に関係ある仕事をしたいと思っておりましたので、私が主に販売を担当することになりました。しかし、セールスマンという仕事は経験がなく、未知の仏教を対象とすることでどうしたらよいか悩んでいたのです。

ある日、宗師のお師匠さんであられた大森禅師は、生前私の家で代々檀家総代をしている菩提寺甲斐竜王の慈照寺のご住職をお務めでしたので、その禅師さんのお墓に参り報恩感謝の誠を捧げ、どうすればよいか一心にお願いいたしました。

無我夢中で祈念のさなか、「ジャーナリストのお力をお借りしなさい」というお声が霧を払うように聞こえてきたのです。

喜び勇んで、日頃から愛読している本の出版社である大法輪閣の戸を叩いてみました。そこには幸運にも真言宗の僧籍にある方がおられ、応対して下さいました。「こういう本こそ世に出てほしい本です」とおっしゃって下さり、紹介の労を頂き、すぐさま各方面の新聞社にお話下さいまして、大きく報道されることになりました。また雑誌「大法輪」からも特別紹介の紙面を頂戴し、「梵字復原に生涯をかけた人」という大変名誉あるタイトルで記事にして下さいました。

その結果、一般の方々から、梵字に関する本がほしかったがなかなか手に入らなかった、という意外な声を耳にする喜びを味わいました。また各宗派のご支持により、仏教界からも大いなるご支援が得られました。

総本山智積院にて「梵字まんだら展」

一九七九（昭和五十四）年六月に智積院にて「金堂建立一周年記念梵字展」を催しまし

智積院での「梵字まんだら展」会場で来場者に説明をする奝円宗師

た。その当時の管長様であられる芙蓉猊下と別所総長様のご高配により、立派に完成された金堂の一階ホールに梵字の作品を飾らせて頂きました。

江戸時代の智積院の名僧であられた超禅様の金胎両部法マンダラを金堂にお祀りされ、併せて芙蓉能化様の梵字についての講演を頂くことができました。また作品では、高野山の梵字書家の大家であられる斉藤前官様の作品を頂き、また建部様や各階の名僧が出品して下さり、大変立派な展覧会となりました。

折しも智積院金堂建立一周年法要ということもあり、成田山・川崎大師・高尾山などの貫首様方もご臨席されて盛大な催しものとなりました。三井宗師も大変喜ばれ、私にとっては生涯忘れられない思い出深い展覧会でした。

川崎大師御遠忌記念展

そして、一九八四（昭和五十九）年三月、弘法大師御入定御遠忌一一五〇年記念に際して、同じく川崎大師におきまして、三井奝円宗師および梵字仏書道講座生の作品による「梵字まんだら文字仏展」を催させて頂くことができました。

宗師は、「人間がより幸福に生きようとするための、人類文明とくに東洋文化のみなもとは、そのほとんど凡てが仏教文化であり、その源泉資料、根本仏典はみなサンスクリット、すなわち梵語、梵字でしるされているのであります。

そこで先ず根源の『梵字種子』を識ることが幸福の根本で、その種子をまき、育てることが大切であります。その根幹をわすれて枝葉の幸福繁栄はありえません。また古来からまかぬ種子ははえぬ」と言われております。

今日の科学技術文明は、西欧の物質文化一辺倒となりかねない矛盾きわまる現代人を救うには、東洋古来の倫理道徳精神文化を、その根源から再認識して世界のすべての人々にその向上発展をうながすことこそ人類の福祉、世界平和に貢献するゆえんであろうかと思われます。

そのことに思いをいたし、宗師は「梵字種子まんだら」をすこしでも多くの皆さまがたにお目にかけることによって、多くの人々が幸福の種子をつかんでその種子をまいて各自の心のなかに幸福を育てて頂こうと念願されました。
この文字仏展に寄せて東洋大学の金岡秀友教授（文学博士）は次のような推薦のことばを寄せて下さいました。

〈……文字に文字以上の意味を感ずるのは東洋の長い伝統である。文字そのものを真実と見、さらに文字自体に美を感ずる。密教では梵字を仏の種子とみ、これをまんだらとして「種子まんだら」と呼び、「法まんだら」とも唱えた。

この長い伝統に立ちつつ、しかもまったく新しい様式と価値を与えたのが、三井奝円先生の絵に描いた梵字の仏（文字仏）である。**三井先生は人も知る梵字書体の大家で、長年の伝統的書体に、芸術的に躍動する新生命を与えられた。**その成果は、仏教に沈潜している無限の可能性の再発掘といって過言ではないと思う。その息吹きに触れうる機縁を慶び、この梵字まんだらを広く江湖に推薦したいと思う……〉

詳細は第二章で述べさせて頂きますが、この文字仏展は、大変盛会のうちに三月十五日に幕を閉じました。多くの方々が宗師の功績を、作品を通して讃美して下さいました。その二日後、宗師は永眠されたのです。

宗師の旅立ちが、弘法大師御遠忌の法要期間中であったことは、誠に不思議なことで、まさしく仏縁というほかありません。まさに弘法大師様のみもとに旅立たれたのでしょう。

詳しくは一一五頁に記載しています。

宗師が日頃より「ブッダに帰れ」「ブッダに帰れ」とおっしゃられていたことは、すでに述べましたが、亡くなられたときのお顔は、初転法輪のお姿をあらわした、お釈迦様のお顔にそっくりでございました。

文字の、み仏

梵字仏書家としての宗師は、仏様の力なくしてはなにもできないと申されておりました。展覧会の作品にしましても、仏様と一体の境地にならないと書けないそうで、開催一週間ほど前までただ夢想に耽っており、周りの心配をよそに、「昨晩、仏様にお会いした。仏様が書いてくださった」と申され、普通一カ月かかってもなかなか完成しない仕事を一晩にて仕上げてしまう、まさに仏様が自在なお力をふるわれたような状態であります。

なおそれらの作品は、五彩に彩られたモダンな文字仏で、現在人の豊かな色彩感覚にも強く訴え、内奥にひそむ仏性に目覚めさせ、悟りの境地に参入する契機を与えてくれます。

梵字の種子から仏様としてのあらゆる仏像が芽生え、出現されたといわれております。諸仏の自内証本誓を包蔵する霊験あらかたなお姿が梵字の仏様であり、この文字仏に向かって精神を統一し、その一つ一つを凝視瞑想していくうちに観感想の妙により、私たちの内奥にひそむ仏ごころが芽生え、ついには宇宙に遍在する仏性に悟入同化帰一することができると、私は確信できるようになりました。

宗師の生涯は、いろいろな偶然がおこりましたが、その偶然はすべて仏縁によって動かされたように思われます。宗師は宇宙の彼方から偶然この地球にやってきて、ふらりとまた帰っていかれたような印象です。

文字や言葉には魂が宿る

梵字の一字一字には悠大霊妙な意味が包蔵されているところから、文字一般や言葉にも魂が宿ると宗師は常におっしゃいました。言葉が軽くなってゆくばかりの今日、言霊とは何か、その説くところを見てみることにいたしましょう。「言霊《ことだま》について」と題した文章です。

〈……むかしの人は「言霊」について、言葉にそれぞれ霊のはたらきがあり、その威力によって人間にいろいろの幸せ、喜びなどが現れるといっている。その言霊を形を以て表したものが文字である。とくに仏教の方で仏さんの御名号や経典の最も深遠な言葉をなどを記したものを、そのまま神のように祀って願をかけ帰依してきた歴史は古いものである。そういうものの中で、梵字といわれるインドの古い仏典に使われた文字は、僅々一字か二字、三字で、仏の名からその自内証、つまり仏さまのご性格から人間に何をお示しになり、どういう慈悲を垂れるかということまでを象徴するものである。

……ちょうどNHKというと、どういう仕事をする団体で、どんな文化活動をしてくれるかということが、略称でありながら併せてはっきり感じられるのと相似ている。

日本の文化はあらゆるものが、長い歴史の中で仏教信仰を拠りどころとして今日に及んでいるが、この仏教精神の端的な表現の一つとして梵字、悉曇はよく墓碑とか塔婆とか、あるいはお札のようなものの上部に書かれたり刻まれたりしているのを見かける。このリボンの翻るような字は、何となく奇妙不可思議、そして吾々には一切無縁の存在であるかのように見過ごされやすい……〉

（七）流麗な裔円流梵字仏書道講座の創立

「梵字仏書道講座」を開講

そこで梵字を知って頂くための活動として、宗師は高齢にもかかわらず、一身一命を賭して、一九八〇年四月に準備も含めて「梵字仏書道講座」を開講されました。

それは流麗端正な美しい書体の朴書体梵字の手鑑を残すだけにとどまらず、さらにその中に内在し顕現される高遠な仏教理念までをも後世に伝え、仏教文化、精神文化の発展を願うゆえの開講でした。

そんな宗師による万人に分かりやすく説かれた開講のことばを紹介します。

〈昔から多くの人々が神や仏を信仰し、念仏、唱題、読経、写経、あるいは座禅、瞑想、水行、滝行と実にさまざまな修行に励んできました。これらは、いずれも自我の殻を破り、天地と同根、祖先と一体になる真の自己を顕現させて、宇宙大自然と一如同心の三昧境に悟入することを目指していたと思います。

私は長年にわたる自らの実践を通して、そうした古来のいかなる方法よりも、入りやすく、修めやすい修行法として悉曇梵字の朴書体による「斎円流梵字仏書道講座」をここに提唱するものであります。

梵字書道の真髄は、諸仏を象徴表示する梵字種子を本尊として書写造顕することにあります。梵字の本尊すなわち文字仏を書写するときに、行者が朴筆を持つ指先に魂を集中し、精神を統一しますと、おのずから忘我、無の三昧の境地に入ることができて、書写している本尊との合一が達成されます。つまり如来諸菩薩、諸精霊大自然と感応し響き合うのです。そこで梵字仏書道を正しく精進すれば、宇宙悠久の大生命に帰一する妙術をすこぶる容易に体得しうるのであって、私はこれこそ「万人開悟の捷径《しょうけい》なり」と確信しております。むずかしくなくて楽しみながら、霊妙通力が授かる真に功徳の大きいこの修行法は、本講座によって、万人にその阿吽の門が開かれました。一人でも多くの皆さまがたが、万事必成必勝の阿吽の呼吸を会得し、清浄なる全人類の福祉、平和世界の開闢育成活動に参加せられることを期待してやみせん〉

梵字の聖と美・裔円流朴書体梵字の完成

梵字は、世界でもっとも優美な文字とも、理知的な文字ともいわれています。裔円流朴書体は、梵字のもつ本来の美しさに、日本における歴史的展開、宗教的意義が加味され、さらに現代の美的な感覚が盛り込まれています。

幾何学的な鋭い直線と柔軟な曲線の組み合わせ、一定の法則にのっとった変幻自在な運筆が、一種の陶酔さえもたらすといっても過言ではないでしょう。

浅草寺貫首を務められた故清水谷恭順猊下は**「朴書体梵字の美しさ、眼が覚めるようで思わず合掌した次第です。実に得難い財宝で、百年はおろか、数千年の生命に輝くことを信じて疑わない……」**と讃歎されています。

古代インドの言語「サンスクリット」を表記する文字、すなわち梵字は、歴史の過程で

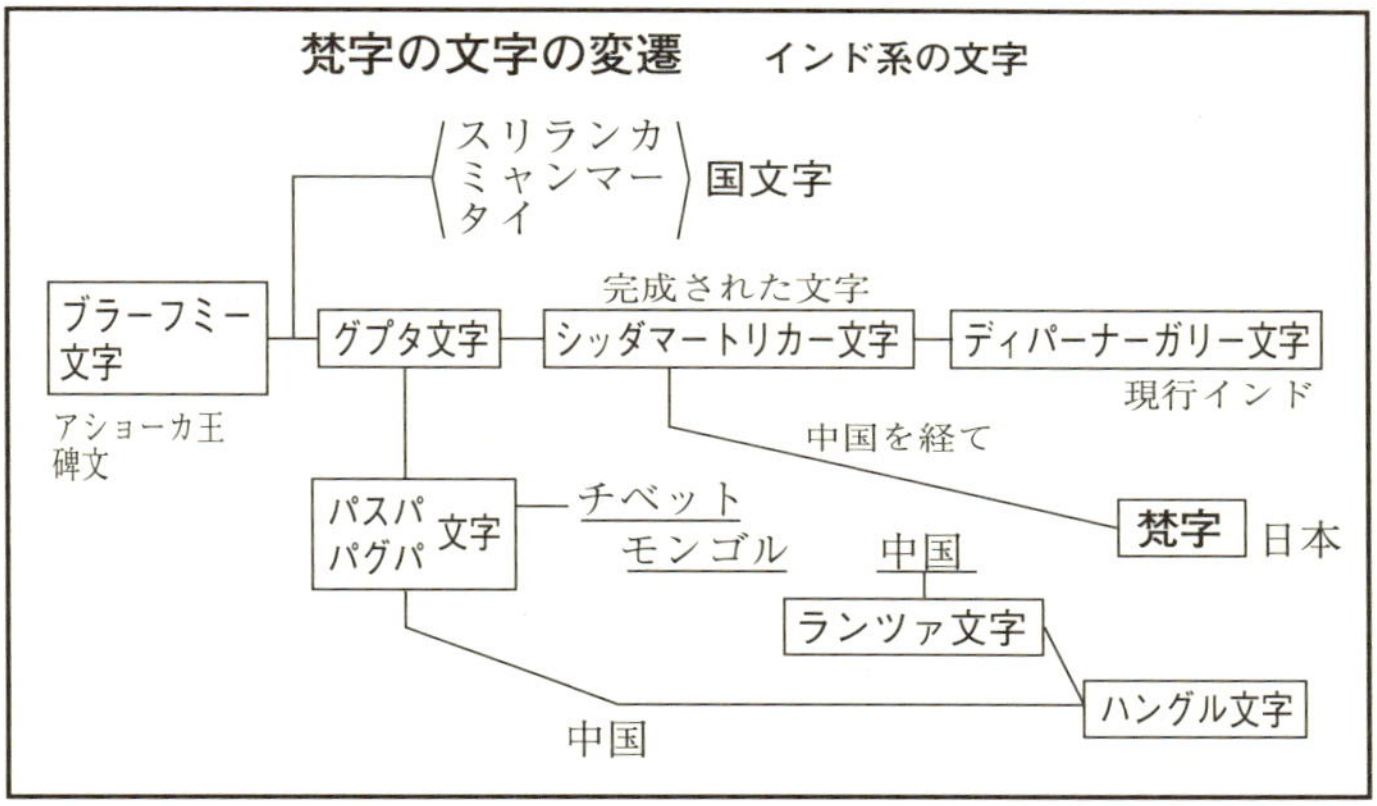

数多くの書体を生み出してきましたが、日本には、その中のシッダマートリカー（悉曇字母）が伝えられました。この梵字悉曇は、仏教経典の原典の記述に使われた神聖な文字で、それは、仏を象徴、表示し、仏のすべてを包蔵するものとして礼拝の対象とされてきました。

この意味で、梵字は正しく美しくあるべきものなのです。三井斎円宗師は、深く仏教に帰依されるとともに、梵字の研究に打ち込まれ、高い境界のなかで斎円流朴書体を完成されました。そこには、深い信仰と専門である工学的な造形美が内包され、見る人のこころを打つものとなりました。

さらに日本に伝えられた梵字は、当初、丸筆と朴筆が使われていましたが、次第に丸筆が主流となって今日にいたっています。これは、日本における当時の筆記用具が丸筆でしたから仕方がありませんでしたが、梵字特有の点線画や運筆は朴筆による方が正しく、早く技法を身につけることができるといえましょう。

丸筆で書くとき注意しなければならないことは、運筆がむずかしく、字形がくずれやすいということです。このため、間違った梵字が書かれやすく、梵字の聖という意味で問題があったようです。

江戸時代に智積院の澄禅《ちょうぜん》宗師によって刷毛筆による正しい梵字の普及が試みられましたが、再び喬円宗師が、梵字を正しく、美しく表現するために特製の朴筆を考案され、美しい喬円流朴書正書体を完成されたのです。

そして翌年には、あと三年の命を頂きたいと願をかけられました。つまり、第一期生が育つまでは生き抜かなくては、という強い意思を貫かれ、病床に臥されてからも自分自身と必死に闘われたのです。

それからちょうど三年目、梵文般若心経の講座が完了し、準師範生が育った三月十七日の講座時間中に、宗師はその願いを講座生に託されて旅立たれたのです。

喬円流修禅「瞑想の極地」——宇宙からのメッセージ

三井先生が武川病院に入院し、お見舞いに伺った折「昨夜は仏様が般若心経の解釈を教えてくれた」と、とてもうれしそうに次のようなメモを見せてくれました。その解釈は宇宙人的発想で、まさに宇宙からのメッセージだったようです。それから一年半後に先生は宇宙に旅立たれ、宇宙と共に般若菩提の境地に入り涅槃に至られたのではないでしょうか。

〈一九八二年八月十八日於武川病院二階十一号室、午後九時消灯後瞑想に入り約一時間後の十時頃、突如として『阿吽の宇宙マンダラ』金色の光明を放ちて、その大空に数多の星辰輝き、更にまた般若心経の法マンダラもパッと放光、それと同時に梵天示現霊託感応垂示して曰く

往き往きて彼岸の宇宙に帰一して！

復り復りて宇宙と共に般若菩提す！

それ広大無辺の宇宙万有は悉皆是色にしてその中核中心は、それ一点一心にして是空なることを教えられ、真に「色即是空　空即是色」なることを正覚す。これぞ斎円の『阿吽の宇宙曼陀羅』と『般若心経法曼陀羅』瞑想法の極地なり〉

（八）般若心経法マンダラ

梵字般若心経の言霊《ことだま》、字霊《じだま》

弘法大師が請来された経典の漢字はすべて梵語の音写であります。なかでも般若心経は最も尊いお経で、般若心経の経典の意味を漢訳したものですが、その末尾だけ取り上げてを見ましょう。

お大師様は「秘建」で真言について次のように説かれています。

「真言は不思議なり、観誦《かんじゅ》すれば無明を除く、一字に千理を含み、即身に法如を証す」と讃歎されています。

ご真言の一字一言《ごん》には無限の意義と真理が含まれています。ですから、その実義をよく観念しながらお唱えすれば、たちどころに迷いは消えて除かれ、この身こまごま、真理をさとり、ご本尊様のい

般若心経法マンダラ。三井斎円謹製

時計廻りに「ぎゃていぎゃてい　はらぎゃてい　はらそうぎゃてい　ぼじそわか　はんにゃしんきょう」

のちと一体になることができるのです。まことに真言は不思議な力とありがたい無量の功徳を秘めたものです。

〈羯諦《ぎゃてい》羯諦《ぎゃてい》　波羅《はら》羯諦《ぎゃてい》　波羅僧《はらそう》羯諦《ぎゃてい》　菩提《ぼじ》娑婆訶《そわか》〉

お大師様は「秘建」を、「行行《ぎょうぎょう》として円寂に至り去去《ここ》として原初に入る」というお言葉をもって、しめくくられています。

円寂も原初も、ご本尊様のいのちです。私たちは、ただひたすらにご本尊様の大いなるいのちの中に、般若の知恵の光明に照らされて、空《くう》を行《ぎょう》じ、いのちの限り、本分をつくして、生きぬいていくばかりであります。

また、この般若心経の呪のご真言は偉大な法力があるといわれていますが、その体験談を以前奝円宗師から伺いましたので、ここでご紹介します。

一、玄装三蔵がインドから多くの研究資料を中国に持ち帰り、ガンジス河を渡るとき、突如盗賊が乗った船が三蔵法師に襲いかかりました。お供の二人が「この人は非常に重要な人なので殺さないで欲しい、宝物はすべて置いていくから」と懇願しましたが、言うことを聞きませんでした。その時三蔵法師は、般若心経のこの呪文を何十唱と唱えていました。盗賊が襲いかかろうとしたところ、日頃静かなガンジス河に突然高波が襲い、盗賊の船を飲み込んでしまいましたというお話です。

二、インドのヨガの大家のゴービ・クリシュナ師は、この般若心経法まんだらを瞑想し、毎日読誦していたところ、クンダリニー覚醒後、精神的肉体的変身を体験する。すなわち覚者になられたそうです。

このように、この心経の呪文には偉大な法力がありますので、観想したり、読誦したり、写経したり、梵字で書写し祈ることにより、般若の知恵の光明を頂き、命ある限りつくしあうことにより最高の歓喜に浸ることができるのです。

次に「般若心経の呪文」について有名なエドワード・コンゼ氏の著書の一部をご紹介します。

「般若波羅密多は経本によると神（のようなもの）であり、化身（イメージ）であり、精神的権化である。ここでは呪文とみられる。マントラ（呪文）とは、唱える時には不思議な力を出す呪文である。サーダナマラ（経典名か？）によれば、規定に従って用いれば何事も達成できるという。然し、その規定は勿論簡単ではない。あるマントラは逆境において偉大な奇蹟的援護を与える。私の先覚者は、ゴビ砂漠で悪霊、悪魔の炎に出逢った時、心経を唱えたところ、その音声を聞いて彼らは一瞬にして消え去ったという。彼は危険に直面するといつでも救いと安全のため、この心経にだけ頼ったという。然し、一般には個

（八）般若心経法マンダラ

人的安全は他のマントラにゆだねられる。

心経のマントラの不思議な効果は、人の心にさとりを開かせることである。他面、これはマントラの欠陥ではないのだが、現代においては、科学的俗化がはびこり魔術力が理解されないようになってしまった。

マントラは神霊的原理を秘めており、また、神話的に言えばマントラの使用者と般若波羅密多の神との間によい関係が確立されるので、マントラは極めて効果的になるのである。

超越的智慧（般若波羅密多）は、マントラの中に存在するが、それを繰り返し唱えることによって理解できる。

魔術の原理にしたがえば、マントラは歌い、唱え、語り、ささやき、また読まれるべき

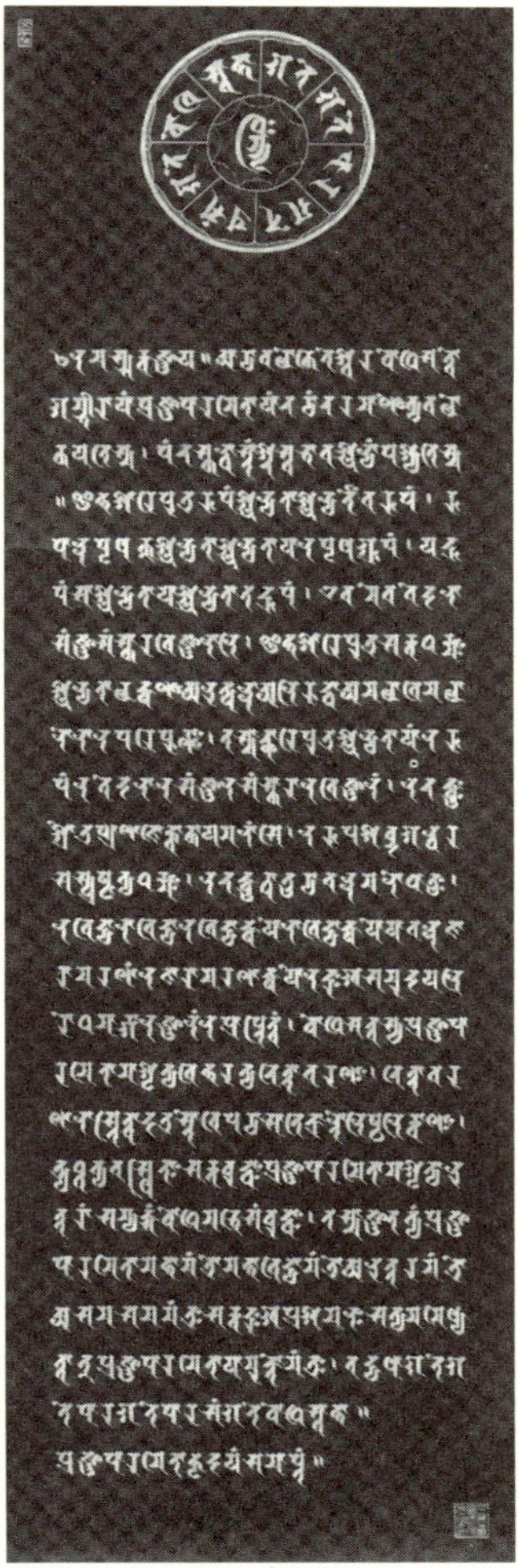

梵文般若心経掛軸。
窪田成円拝書

ものである。心経の呪文は、サンスクリットの各句を正確に発生することが大事なこととして注意すべきである。又別に八花弁蓮華に記された文字を凝視することも望ましいことである。何れにせよ、マントラを常に心に留めておくことをお勧めする。

ヨーガ経典にあるようにマントラを繰り返すことは、思う神と感応道交することである。心経のマントラは、智慧完成（さとり）を懇願し、求愛する方法である。ソロモンの智慧に歌われるように、智慧には栄光あり、決して消え失せることはない。然り、それはそれを愛し求める者の中に容易に見出される」

最後の作品――金胎両部石彫り法曼荼羅奉祀

川崎大師八角五重塔内部に金胎両部法曼荼羅奉祀

想えば脩円宗師は弘法大師様と大変深い御縁があったようです。旅立たれる一年前、川崎大師平間寺において、来たる弘法大師御入定御遠忌記念のために建立された八角五重塔の二層目に、金胎両部石彫り法曼荼羅を拝書・謹刻してお納めすることができました

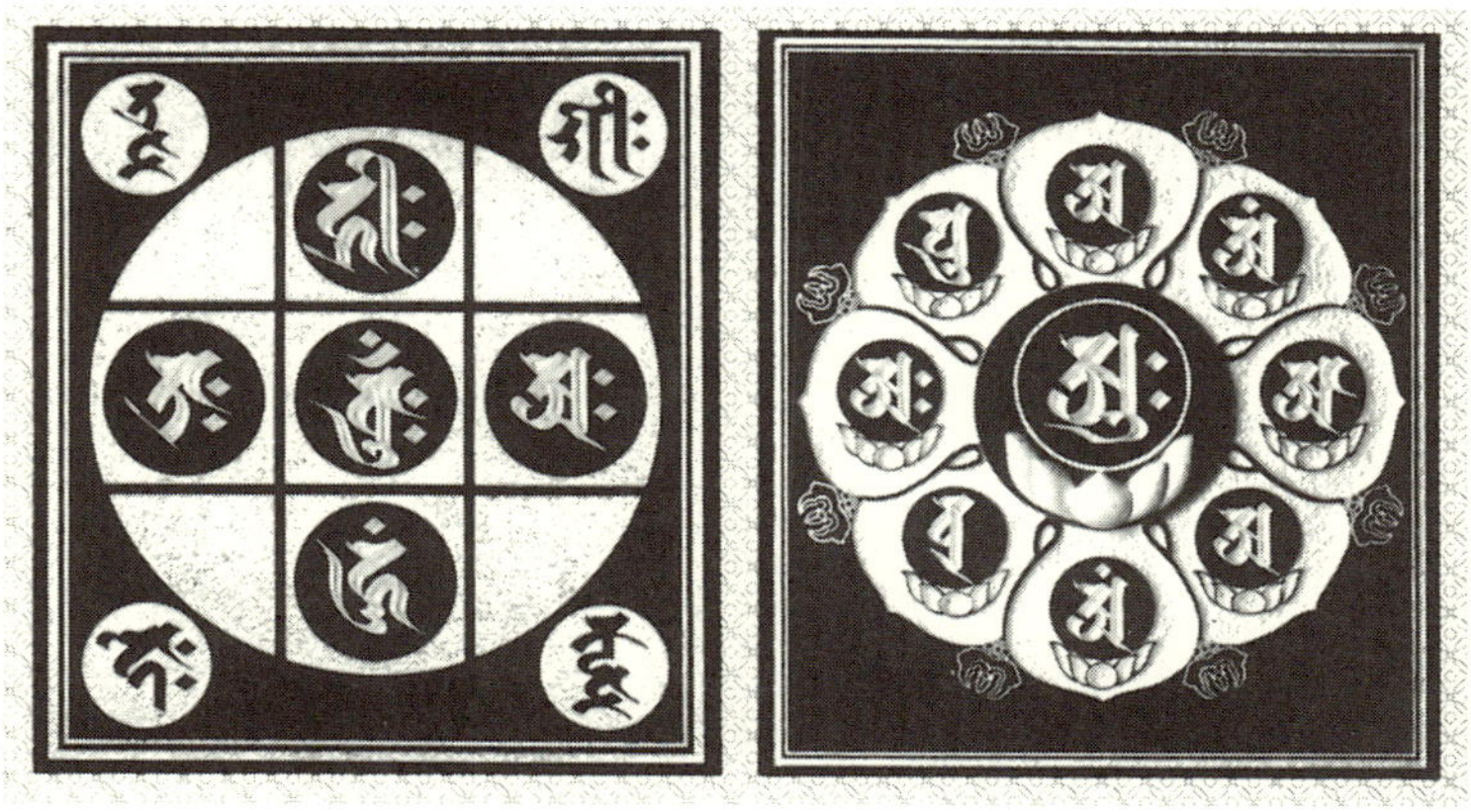

が、図らずもこの法曼荼羅が宗師の最後の作品となりました。

宗師には、このお仕事をいただけたことは最高の喜びであったようです。川崎大師の御前様に大変感謝しておりました。しかも、この法曼荼羅が永遠に多くの方々にお詣りされるであろうことは、私たちさえもその栄誉に胸の高鳴りを覚えます。

上に掲載している写真が、八角五重塔内部の石彫りの「金胎両部種子曼荼羅奉祀図」です。この作品の完成にあたって宗師は、次のような感謝のことばを述べています。

「このたび、川崎お大師さまにて、弘法大師一一五〇年御遠忌記念事業として八角五重塔を建立され、その仏壇に金胎両部の法（種子）曼荼羅の制作をと、図らずも不肖斎円拝命身に余る光栄至極と存ずる次第でございます。

さて、恭しく惟るに、真言密教の奥義秘宝の輪円具足たる仏の世界、その究極の悟りの境地の象徴真隋たる、金剛界と胎蔵界、両界の法曼荼羅を黒御影石に拝書謹刻することにより、多くの人々の心意内奥に潜む信仰の基層を掘り起し、薄れつつある仏心を広く現代に甦らせ、来るべき二十一世紀には地上全人類の福祉と恒久平和世界の開闢を冀い全世界に精神文化の向上運動の展開を終生の念願とし、このところ仏さまの加護を得て幾たびか死線を越えて制作に専念精進の結果、漸く完成の運びとなり得ましたことを、貫首さま始め有縁の皆さま方に幾重にも感謝厚く御礼申し上げる次第でございます。

南無大師遍照金剛　八十七叟　三井斎円」

(九) 斎円宗師の御遺告《ごゆいごう》

斎円宗師の思想—阿吽の宇宙精神、講座生皆様への御遺告

ハンハンハンと恬然たる風貌のなかに、どのような思想が包摂されていたのでしょうか。それは本書で何回も紹介しましたが、「阿吽」の宇宙精神です。梵字の「阿吽」こそは世界平和、平安の象徴文字と申せましょう。

二十世紀は戦争の世紀だったといわれていますが、世紀が改まっても世界のあちこちで戦争が起こっています。戦争がなくなる気配は一向に見えてきません。悲惨の規模は拡大するばかりです。ただでさえ地球環境のありようが問われ、かつてない災害が勃発し、人々を不安に陥れています。次々と得体の知れない病気が蔓延しています。人の命がますます軽くなっていく現象がいたるところに見受けられます。

一部の富裕の誇示とはうらはらに、まさしく世界は四苦八苦極まった状態にあるのです。こんなときにこそ、恒久平和世界の開闢を目ざして、精神文化の向上を全世界に提唱された奝円宗師の偉大さを再確認すべきではないでしょうか。宗師は「梵字佛だより」（昭和五十九年九月一日号）に次のように書き遺されています。

晩年の奝円師（新年書初め会にて）

恒久平和世界の開闢を目指して精神文化の向上を全世界に提唱する

〈本来、精神文化と物質文化の両輪が同時に等速前進回転をしてこそ、真の人類文化が直進向上し、ほんとうの平和な世界が顕現されるのであります。しかるに現今の世界人類社会の情勢は、精神文化が全く忘れられ、物質文化一辺倒の状態であります。

そこでまず、多くの人々に東洋古来の倫理道徳的精神文化に覚醒《めざ》めていただくことが重要であります。

それ東洋古来の文化は、とりも直さず仏陀の提唱せる仏教による精神文化が中心、中軸で、その発祥の根基、根源は、すべからく「サンスクリット」——梵語、梵字によって説かれて居るのであります。

それ故にまず取り敢えず、その東洋文化の根基、源泉たる梵語、梵字から関心を呼び起こし、改めてわが東洋古来の倫理道徳的精神文化を全世界の人々に認識していただくことを、ここに提唱いたさんとする次第でございます〉

梵字仏の書写造顕勤行その究極の目的

〈梵字仏書道の修得により、自己みずからが開悟正覚、宇宙の大生命に帰一し、真の自己たる大我を顕現させて、宇宙大自然と一如同心の三昧境に悟入し、宇宙即我、我即宇宙の境地に到達、仏法の極意を体得して頂き、天地宇宙、大自然の万有に通ずるところの、阿吽の宇宙精神たる「まごころ」をもって、その仏教精神の真髄を全世界に押し広めることにより、全人類の福祉、恒久平和世界の開闢育成を念願することこそ、その究極の目的たるのであります。

かような思想趣旨に基いての梵字仏書道講座でございますので、本講座の会員の皆様方には地上全人類の福祉、平和世界の開闢育成の〝パイオニア〟としての先覚指導者たるの誇りをもって、ご精進あらんことを切にお願い申し上げる次第でございます。

よって何とぞこの点をご理解の上、一層の精進とご努力の程をお願い申し上げます。

〈和南〉

以上が宗師の考えを端的に表わしたものであり、梵字仏の書写造顕勤行の精神と究極の目的を説いた内容です。

三井斎円師への追悼文

一〇八頁の写真は三井先生の菩提寺・青松院（甲州光沢山）です。この青松院の開基は一五二三年紀州太守信章（武田伊春《ただはる》）公です。五〇〇年間、三井家は代々この菩提寺です。天井の梵字が大変見事です。生前、自家の墓を整備したかったようですが、「紺屋の白ばかま」で他人様の墓は作っても自分の墓まで作れませんでした。

しかし、愛弟子の島田武雄氏、政門正氏等のご尽力により、三回忌法要のときに大変立派に出来上がりました。先生は良き弟子に恵まれて大変幸せな方でした。また併せて噺円先生の顕徳碑を講座生のご寄付によって作られました。

「萬物一如同身
天地与我同根
祖孫与我一体
是自己本来姿
愚空噺円之碑
往き往きて
彼岸の宇宙に帰一して
復り復りて宇宙と共に
般若菩提す
三井噺円書」(顕徳碑表面)

三井噺円宗師の顕徳碑

〈明治三十年一月十三日敷島町長塚に出生、松島小学校、甲府中学校、中央工学校を経て大正七年ドイツ遊学、滞欧十一年に及び高速内燃機関の研究により工学博士の学位取得その間モーターサイクルによる欧州中近東等三十六カ国十一万余粁を走破昭和六年帰国後三石造形藝術院を設立、石造美術家に転向、石碑石塔の設計製作に従事す、その傍梵字種子字の正書体を求め研鑽、昭和四十八年「梵字揚鑒」を刊行晩年は後進の指導と種子字曼荼羅書刻活動を行い仏教精神に基づく精神文化の向上発展と世界恒久平和を希求、新しい生命哲学大宇宙と一体なる我の自覚「阿吽の境地」を主唱する
享年八十八歳仏恩報謝の一生であった

昭和六十一年三月吉日建立〉（顕徳碑裏面）

三井宗師は多くの方に支えられて活動されていましたが、とくに写真家の島田武雄氏との出会いは、宗師の作品制作の上で大きな支えとなりました。一九五〇（昭和二十五）年以来、三十五年もの長い間、仏塔設計から『梵字揚鑒』や梵字マンダラ作品制作などに常に力を貸して下さいました。幸い本年で八十三歳ですが今でもお元気でおられます。

先日、講座生が宗師のお墓参りにいらして下さり、その折島田氏も同席され、宗師が顕徳碑の設計をされたことについてお話を頂きました。一〇六頁の写真は、ある夜、「空に梵字を書きなさい」と言われ、阿点の梵字の起筆点を富士山の上に乗せ、そこに先生のメッセージを入れたものです。

三井家菩提寺・青松院本堂の天井に描かれた梵字（上）。梵字教室のメンバーと菩提寺青松院へ参拝（右下）。三井家祖霊塔（左下）

また、片山石材の石造家でもある片山石材社長は三井宗師を心から尊敬されていました。そして、宗師が作品の設計されると一心不乱に制作に打ち込まれていました。そのお陰で立派な石造彫刻が完成したのです。この片山社長のもとにわずか十五歳で修行に入られたのが政門正氏です。政門氏は、日本でも数少ない薬研彫りの名人に育てられ、大変見事な梵字を彫られました。

とくに川崎大師様の八角五重塔に納めさせて頂きました「金胎両部法曼荼羅」の石彫りの作品は、政門氏の大きな支えがあって完成しました（写真一〇一頁）。

さらに文筆家の松野茂氏にも深甚なる感謝を申し上げます。今回本書を執筆するにあたり、松野氏が刊行されていた山梨の月刊誌に三井先生を大きく紹介して下さいました。その内容はとても貴重で、本書を刊行するにあたり、大いに活用させて頂きました。まだ私の知らない先生のお姿をいろいろな角度から紹介して下さいました。

＊

講座生代表による御礼のことばと献詩より――

小森清司（長崎大学名誉教授・ＮＨＫオープンスクール講師）

「宗師は、その若き日、ドイツに留学して、いち早く先端技術を修得されましたが、帰国後、それをおしげもなく捨てきって、仏教芸術に転身されておられます。その動機は恐らく、技術革新の末に訪れるであろう文明崩壊の危機を察知し、阿吽の宇宙世界を開くのは仏陀への帰依しかないと卓見されたからに違いありません。私はそこに三井奝円流梵字の原点をみる思いがいたします。

我々梵字仏書道門下生はかくも偉大な仏覚者を師と仰ぐことができ真に幸でした。これから先は宗師の遺訓を奉持し、梵字仏の書写造顕勤行によって自身を高めながら、正しい梵字仏書道の広宣に勤め、師の御恩に報いるべくさらに一層の精進をいたす覚悟でございます。宗師も霊界から、しっかり見守って頂きたく祈念いたしております」

劒持奝卿（国際梵字仏協会後援会会長・講師）

「梵字、それは私にとって入り難くという言葉そのものであった。この梵字を最も理解し易い書体で、然も流麗なる筆致を創出され、まさに仏様のお姿そのものにして、この梵字の秘めている無限大の真理と教えをもって、現代の病める悩める人々を救い、世界平和の大悲願を込めて、三井宗師は私達を導いて下さいました。

何時も温顔、それは菩薩様のようなお顔で梵字の心を説かれ、私達に強く強く植えつけて下さいました。

私達は宗師の遺志をあやまたず、この梵字仏の力をもって明るくそして平和の家庭がより多く実現すること、ひいてはそれが地球全体世界に結びつくよう悉曇梵字の普及に努める心です。宗師、どうか天界から私達を観護っていて下さい」

中山幸子（研究科）

鎮魂の詩

一、瑠璃紺青の空の深さよ
　霊峰富士を望む丘
　宗師のみたまここに安らぐ
　人の世の幸福を希いて
　とこしえに
　阿吽の精神をのこさむと
　八十八の命盡きるまで
　しろしめ給う梵字仏
　尊とき文字のみほとけよ
二、凍りつく夜の静寂よ
　気高き富士を望む丘
　宗師のみたまここに光れり

三井斎円宗師愛用の印章

宇宙はるかまたたく星に
みことばの
阿吽の精神は輝やきて
共にいそしむ梵弟子を
みちびき給う梵字仏
尊とき文字のみほとけよ

三、薫風若葉に彩なす紅葉
麗峰富士を望む丘
宗師のみたまここに鎮まる
恒久の世界平和を築かんと
ひとすじに
阿吽の精神の道しるべ
われら続かむ梵弟子の
誇りと使命忘るまで
奝円宗師よ安らかに
奝円宗師よ安らかに

三井奝円宗師の花押（上）とサイン（下）

窪田成円梵字作品——世界平和梵字まんだら

「世界平和祈りの梵字マンダラ」（サンスクリット大学名誉文学博士号受賞作品）
阿吽のまわりに梵語と梵字で
〝世界の平和よ、平和よ、平和よ、成就あれ〟

「日本国の平和まんだら」
日章旗からの五色の輝きにより、世界平和、日本の平和、人類の平和を祈りました（画・松田要準）

「パリの平和マンダラ」
パリのエッフェル塔に大日如来様が顕現され世界平和を祈念する

「アメリカの平和マンダラ」
星条旗に阿吽の梵字を書写し世界の平和を祈念する

「弘法大師平和マンダラ」
弘法大師様によって世界平和を祈念する

「21世紀の平和マンダラ」
梵天様の出現によって21世紀世界平和を祈念する

窪田成円梵字作品――世界平和梵字まんだら

「宇宙梵字平和まんだら」
仏舎利塔内部ドーム天井に描かれた
宇宙を象徴する平和マンダラ

「ブッダ梵字平和まんだら」
ムチャリンダ竜王が釈尊を守護し仏教によって平和を祈る

「梵字納仏・平和仏舎利塔」
スリランカ国ミヒンタレー市に世界平和と仏教文化交流親善をはかるために国際梵字仏センターを二〇〇二年九月に建立しました。梵語・梵字・仏教による平和の祈りを毎日梵字納仏平和仏舎利塔から発信されております。皆様の御参拝をお待ち申し上げております
（上下ともスリランカ・ミヒンタレー市国際梵字仏文化センター）

梵字仏をお守りとしてお祈り下さい

「御成婚まんだら」
阿吽の光明に照らされることによって良縁成就。万事必成必勝が得られます

「阿吽の双龍（二大龍王）」
難陀《なんだ》龍王、烏波難陀《うばなんだ》龍王によって竜王町の発展を願っての作品

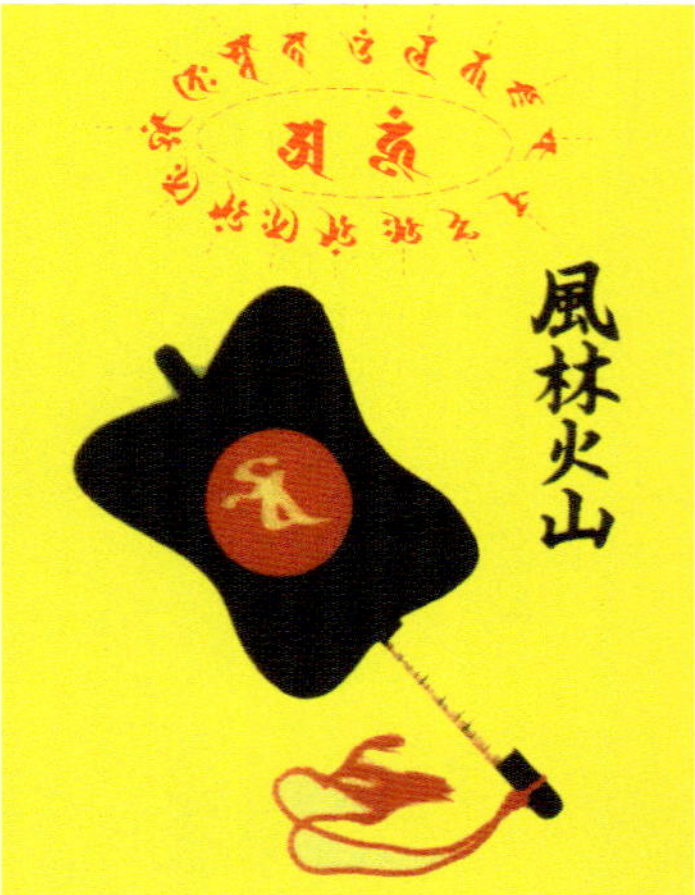

「風林火山平和まんだら」
毘沙門天の軍配によって世界平和を祈念する

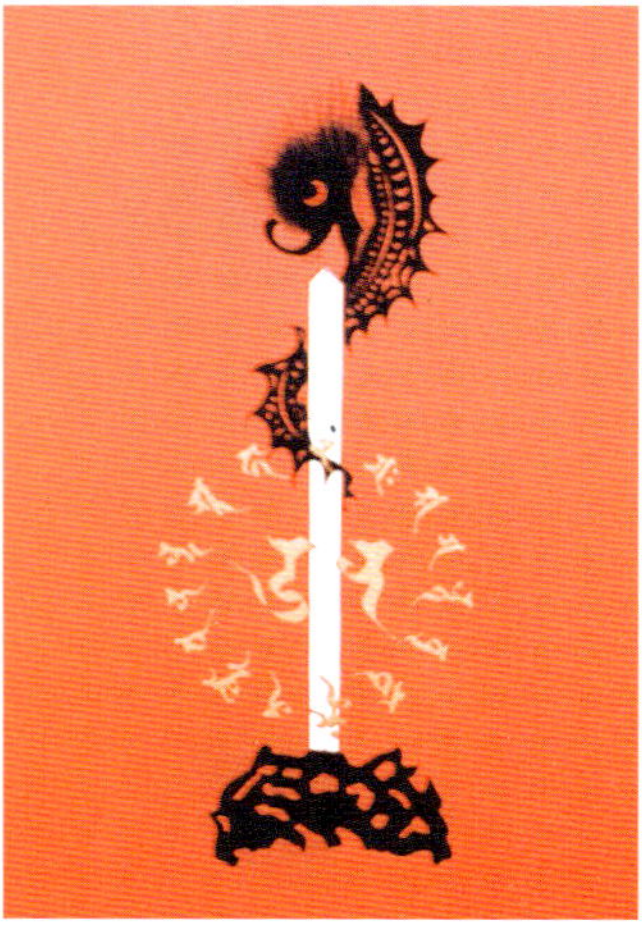

「倶哩迦羅龍王」
不動明王の化身として災難厄除けに信仰されています

（掲載した作品は頒布もできます）

第二章　梵字マンダラによる平和への祈り

――窪田成円の梵字啓蒙普及活動

世界平和　祈りの梵字マンダラ

東洋文化の源泉資料の梵語・梵字は、アジアをはじめ世界中の文化に大きく影響を及ぼしております。その祈りの言語の梵語と祈りの文字の梵字を通して、21世紀の世界平和を希求しつつ、この度「世界平和・祈りの梵字マンダラ」の作品を拝書制作いたしました。作品の中心の阿吽は宇宙の森羅万象を表し、世界平和を象徴する文字です。その周りには梵語の祈りの言葉を悉曇梵字にて拝書致しました。

オーン　ヴィシュヴァ　シャーンティ　シャーンティ　シャーンティ
スヴァーハー
世界の平和よ　平和よ　平和よ　成就あれ
オーン　ローカァ　シャーンティ　シャーンティ　シャーンティ
スヴァーハー
人類の平安よ　平安よ　平安よ　成就あれ

このマンダラを観想し祈ることによって、まわりの惑星の梵字が明るく光を放ち、人々に光明を与えて下さいますように、そして世界中の人々が阿吽の心で仲良く手をつなぎ、世界平和と人類の平安をお祈りくださいますよう。

インド国・サンスクリット大学名誉文学博士号　受賞作品　窪田成円謹製

（一）三井斎円宗師が弘法大師様のみもとに旅立つ

お大師様が顕現

宗師は仏縁によって弘法大師様と深く結ばれていたのではないか、と第一章で申しました。今思い返せば、特に印象深くよみがえる体験は一九八四（昭和五十九）年三月、弘法大師様の一一五〇年御遠忌法要記念に、川崎大師の信徒会館において催させて頂いた梵字曼荼羅文字仏展です。その時は、三井宗師は病に臥し、生死の境をさまよっておられましたが、「この展覧会が終わるまで命を頂きたい」と先生自身も私も弘法大師様にお願いしておりました。

すると、展覧会を間近かにひかえた二月二十一日の丑三つ時（午前一時〜三時）、私は出品作品「光明真言」の制作に打ち込んでいましたが、ちょうどその時、突然不思議な映像が眼前に飛び込んできました。お大師様が天から降りてこられ、斎円宗師の肩をたいて、「よく頑張ってくれた」とおっしゃいました。

宗師は、

「仏様の種をまくことしかできませんでした」と申されましたが、お大師様は、

「仏の種をまかなくては仏教文化も花開かない、まして仏教による人類救済などはできな

い。君の功績は大きいよ。ご苦労さんだった」とおっしゃられて、裔円師を伴って天に帰って行かれました。宗師はそれはそれは嬉しそうに同行されたのです。まさにそれは「同行二人」のお言葉通りでした。そのお姿を私は合掌して、何時までも見送っているのでした。映画のスクリーンを観るかのように見せて頂いたのです。

空海平和祈念マンダラ作品

そして翌月の三月十七日の彼岸の入りの御遠忌法要中に、裔円師は永眠され、弘法大師様のもとに旅立たれたのでした。感観会得した映像の弘法大師様と共に昇天された裔円師のお姿は、私にとって一生忘れることが出来ない感動的な思い出でございます。

梵字を本格的に日本へ請来し、曼荼羅の精神を尊ばれたのは弘法大師様です。人々の幸福、世界の恒久平和を念じて活動した裔円師の活動を、お大師様が何よりもよろこんで下さったのではないでしょうか。私はこの夢によってそのことがはっきりわかりました。

この二十一世紀において、地上全人類の念願である恒久平和世界を開闢することが緊急の課題であります。師は早くからそれを希求しつつ、梵字仏の秘める哲学を世界に普及させるべくその核として「梵字仏書道講座」を継承してもらいたいと、宗師は私に何度も言われました。

「梵字仏書写造顕勤行によって、真の自分の姿を見つめ、阿吽の宇宙精神『まごころ』をもって、日々の仕事に精進され、謝恩報徳の精神と正しい信仰をつちかった次元の高い考え方の講座生が育つこと、その輪が結束されることによって、仏教文化繁栄の一助となれるのです。それを願っております」

このことが私が師よりいただいた啓示であります。また、他界される二カ月半前に私への遺言が書かれていました。

遺言

来るべき二十一世紀には、地上全人類の念願である、恒久平和世界開闢を希求して、今日より全世界の人々に精神文化の向上運動の展開を冀い、その一環として、真言密教の奥義秘宝の輪円具足たる、仏の世界の象徴、その真髄たる梵字法曼荼羅の、梵字仏の布教活動を悠久に継続すべき、三石造形藝術院の活動並びに、梵字仏書道講座の主宰継承を窪田成子殿に依託する。梵字布教によって、社会に貢献せられんことを願う。

昭和五十八年十二月五日　和南

三井斎円

末尾の「和南」は梵語のvandanaのことで、「稽首」「敬具」と同じ意で相手に敬意を表することを示します。

それまでの師の生活を見ましても、とかく主宰者というのは雑用が多いものです。当時の私はまだ子育てが終わってませんので、なかなか勉強の時間がとれないため勉強不足で、後継者の器量が備わっていないと考えあぐねるところがありました。

弘法大師様からのみ教え

一九八四年五月のはじめに、宗師の回向を兼ねて高野山の弘法大師御遠忌一一五〇年法要にお詣りに伺いました時に、奥の院・燈籠堂にて世界平和大法要が修されており、同席させて頂きました。

宗師の冥福を祈りながら瞑想していましたら、弘法大師様の御廟の見える窓からお大師様が現れ、「尊いお仕事ゆえ頑張りなさい」と励まされ、そこに奝円宗師が同行されているではありませんか。「挫けず、門下生の皆さんに支えてもらい頑張ってくれよ」と何度も何度も同じ言葉をおかけ下さいました。

その夜宿泊した高室院の斎藤前官様が、「いろいろ考えることはないのだ。やるしかないのだよ」とやさしく励まして下さいました。お大師様と同じお言葉をかけられ、大変驚きました。御指示といい、このような啓示といい、私もありがたいことに深いご縁を頂いていることを覚りました。

当講座も三年を経過して準師範生が二十名も生まれたことを感謝し、ようやく決心して、しばらくは三井斎円師代行という形で継がせて頂くことにしました。

覚悟が決まると、よりいっそう梵字の仏様に魅せられるようになり、寝ても醒めても梵字のことが頭に浮かび、「いかにしたら梵字の仏様が世の多くの人々に認めて頂けるか」という思いをいたし、それからというものは努力を重ねる毎日です。現在、劔持斎卿講師はじめ皆様のご支援によりまして、二代目を名乗らせて頂いている次第です。

（二）『梵字揚鑒』出版——普及と頒布

『梵字揚鑒』の出版と普及活動

第一章で『梵字揚鑒』の販売を担当しました頃のことを詳しく述べましたので、ここでは簡単に『梵字揚鑒』刊行秘話の続きとでも申しましょうか、少々ふれておきたく存じます。

梵字仏普及にたずさわる喜び

『梵字揚鑒』出版以来一年が過ぎた六月末、田久保周誉先生に講演をお願いし、刷毛書きの実習会をいたしました。

私どもの参加する三石造形藝術院は、それまでが精神的な活動であり、その活動の根本は仏教の精神にほかなりません。しかし、梵字の普及を目標としても、受け容れて頂く地盤もなく、呼びかける層も院の外部であり、運動に必要な資金源を私どもは持っていません。

当然、仏教興隆は芸術を媒介として願い、地歩を固めてゆく場合も、運動の自立性と独自な個性を維持するために資金を獲得しなければなりません。それは利の追求とは別次元のことでして、正当な手段によって資金を得ることと梵字の普及との重なり合う領域で活動することでありました。

田久保先生は脩円師と私たちの念願をご理解下さって、講演の講師を快諾して下さいました。

手軽く学べる梵字練習箋考案

また、梵字の実習会で別の問題も生まれてきました。梵字を刷毛で書くことの困難な障りをいかになくすかということです。そこで工夫しましたのが第一章でも述べました「水書新鑑箋」です。一九七六（昭和五十一）年三月のことでした。

従来の清水で練習する水書草紙に梵字の輪郭を印刷し、基本的な刷毛筆による運筆、その形体をなすり書きしマスターするための練習用紙であります。枠取りの線の上をなぞり書き練習するだけで素早くマスター出来ることから、その当時開通した新幹線にあやかって洒落て命名したと奝円宗師はうれしそうに話していました。そして、紙の無駄使いを解消し経済的であること、また独りで簡単に基本が練習できる利点を併せ持つものとの確信を持つにいたりました。これも宗師の科学的頭脳が発揮された一例です。

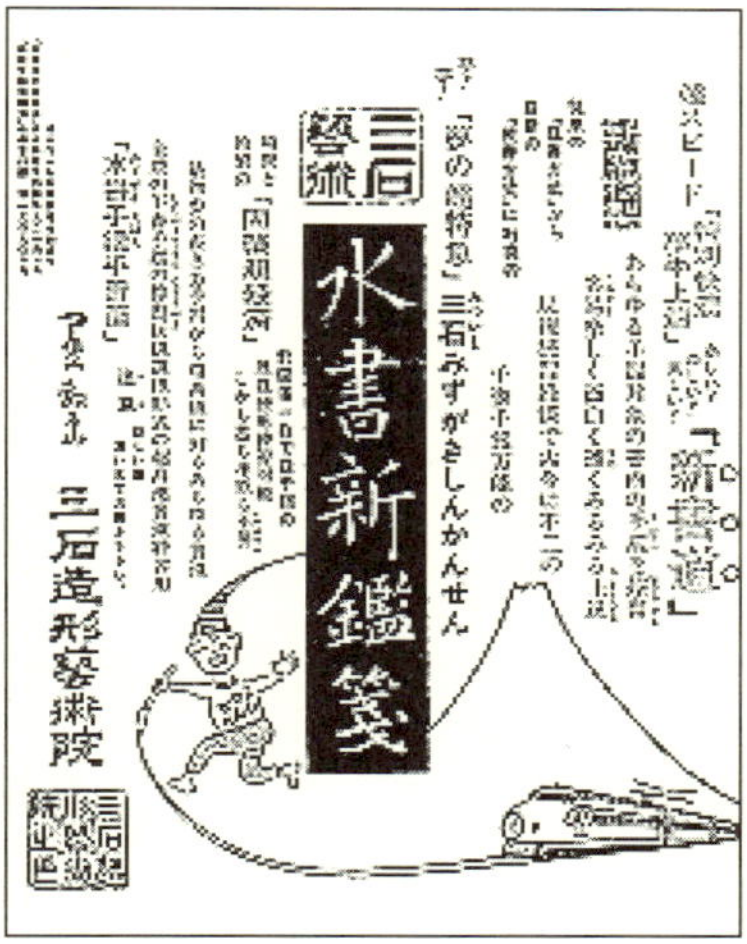

『梵字搨鑒』普及頒布の苦労

重い本を持ってやっと探し当てた寺に伺うと、押し売り扱いされることなどもありましたが、お大師様と一〇〇〇年以上の時間の隔たりがあるといえども、共に「同行二人」の心構えですし、また腕に抱く『梵字搨鑒』は、宇宙の曼荼羅なのだという確信をもって活動いたしました。

その後、キリスト教信者の方や中学生の方までが、この本を手にして梵字を勉強してくださり、多くの人々の心の中に「まごころ」の通うことを逆に教わるという喜びを感じることもありました。

川崎大師とのご縁……開基平間兼乗師供養の宝筺印塔造立

『梵字揚鑒』は、三井宗師が弘法大師生誕一二〇〇年記念に自費出版したものですが、今から三十五年ほど前のお坊様の会合でこの『梵字揚鑒』を普及させて頂いた折に、川崎大師の御前様はさっそくお求め下さって、「川崎大師へいらっしゃい」とおっしゃって下ったのが御前様とのはじめてのご縁でございました。

こういったことから、販売に携わる者には喜びと悲しみが糾《あざな》える縄のごとくでした。やがて、それこそが大事な修行をさせてもらっているのだ、と悟れることができるようになるまではやはり茨の道を行く感がありました。

一九七七年三月に川崎大師信徒会館にて「梵字マンダラ文字仏展」を開催し、十二月には川崎大師開基平間兼乗師供養の宝篋印塔が鴌円師の手によって造立されました。

川崎大師は厄除大師としてご存知の方が多いと思いますが、正式山号・寺号は金剛山金乗院平間寺と申します。真言宗智山派の大本山で、本尊は弘法大師像を安置しています。

その御像を沖合の海中から引き上げたのが漁師の平間兼乗でした。引き上げた木像こそ、弘法大師が唐で研鑽を積まれていたころに「衆生の厄を己が身に」との誓願によって、自らの姿をつくられた像そのものといわれています。

兼乗は信仰心篤く、高野山の尊賢上人の助力を得て、一一二七（大治二）年に御堂を建立し安置したことが川崎大師の草創と伝えられています。創建から八五〇年目の供養に四十四世高橋隆天猊下のご依頼により、宗師が宝篋印塔を制作し、この年の十一月吉日にお納めしたのです。

この作品は関東式の宝篋印塔で、東西南北の四面に金剛界四仏の梵字が謹刻されています。

川崎大師開基平間兼乗供養の宝篋印塔

そのような地道な活動が少しずつ世間にも知られるようになり、翌年三月にＮＨＫテレビの「モーニングショー」に宗師が呼ばれて出演いたしました。梵字の根基が何であるかを広くアピールする機会を与えられたのです。

（三）　喬円流梵字仏書道講座の確立と継承

「梵字仏書道講座」の開講

三井喬円宗師の開講のことばはすでに第一章で述べておりますが、梵字とは仏・菩薩を一字に表示する尊い祈りの文字です。昔から密教では梵字仏を瞑想・修行・祈願・供養などに使用し、お守りとして拝書されております。

無量の功徳が内包されている梵字を書写することによって心に深いやすらぎを得て、よい叡智を頂ける喜びを味わうことが出来ます。ここに私の梵字仏書道のお勧めのことばを掲載させて頂きます。

「ご本尊さまを自らの手で書写造顕することによって、私たちの心の底にひそむ仏心が目覚め、そのみほとけのご加護が頂けるという素晴らしい梵字仏書道を多くの皆様に方にお勧めいたします。

人々はいま、物質文明遍重の高度化した社会の中で、こころのやすらぎを求めています。乾ききった人間社会に、やっとこころの大切さが提唱されはじめました。いまほど、すぐれた仏教の果たすべき役割の大きさを感じるときはないでしょう。

梵字は仏の無量の徳を象徴・表示する聖なる文字です。梵字仏を書写することは、仏を書写造顕するという大変次元の高い修行をすることになります。

まごころをこめて一心に書写し続けることによって、ときに災いが消滅し、病苦を除き、迷いを断じて道が開け、私たちを仏陀のさとりの境地へと導いてくださるでしょう。

さてこのたび、**三井斎円宗師が悉曇文字（完成された文字）ということばにふさわしい、見るからに荘厳にして美しい書体の手本を完成し、短期間に手軽に修得する事の出来るカリキュラムを組んで、受講者一人一人に対し懇切丁寧な指導を行う直伝講座及び通信講座を開講いたしました。**

悉曇梵字は仏教の根本文字であり、あらゆる宗教宗旨に通じる文字です。梵字のほとけ様に手をとって頂き、真の信仰とともに、運命を開き幸福に至る画期的な梵字仏書道講座を多くの皆様にお勧めいたします」

梵字仏講座のお勧め

斎円流の美しい書体をもとにして「基本文字から切継ぎによる読み方まんだら」、十三仏真言、般若心経など十年かけて順次手本を作成し、講座内容も年毎に充実させて現在に至っております。

この講座は「やさしい梵字仏講座」という名称にて、国際梵字仏協会及びＮＨＫ学園オープンスクール、元朝日カルチャー教室、ＮＨＫ文化センター横浜教室などで開講しております。

昨年の二〇〇六年には、梵字を請来された空海帰朝一二〇〇年記念と三井奝円宗師二十三回忌記念として講座生の梵字仏作品集を手作りで出版し、ご供養とさせて頂きました。

悉曇梵字は、今ではインドはもちろん中国でもほとんどすたれてしまい、日本の一部の人のみが継承している状況ですが、皆様の支えによって奝円流梵字講座は三十年目を迎えます。梵字講座として確立されているのは当講座のみだと思われます。

いまや東洋の言語のルーツの梵語と梵字は世界の人々の心に通じあうものがあり、世界平和を願うこれからの時代に非常に重要と思われます。

奝円流梵字仏講座を一人でも多くの人に学んで頂けるよう願う次第です。詳細は山梨本部（〒四〇〇-〇一一一　甲斐市竜王新町三三六）へお問い合わせ下さい。

このようにして、「梵字仏書道講座」が一九八〇（昭和五十五）年四月に開講されたのです。

前述した通り「水書新鑑箋」は宗師発明によるものですが、同じく「梵書朴筆」と併せて大いなる効力を発揮しました。梵字の優美荘厳の正書体が確実に書写できるのです。書写は正しい智慧を授かり祈りに通じる――これが奝円宗師の持論でありました。

梵字書道を学ぶ際の勤行式

実際に梵字書写行をする際、梵字種子観本尊（阿吽）を前にして心を清め、仏心を目覚めさせ、正しい仏智が得られるようにお祈りします。

勤行式次第について簡単にご紹介いたします（国際梵字仏協会謹製）。

祈りの言葉・梵語と祈りの文字・梵字勤行式次第

一、合掌　三礼・懺悔文

一、禮文（パーリ語にて唱和）・三帰依文

一、梵語般若心経（一唱）

一、梵書道の歌（種子観法阿吽を観想して下さい）

一、大自然宇宙の大霊《みたま》は万物を育む阿吽の仏さま

一、大宇宙古今貫く大生命、阿吽の呼吸はその息吹

一、仏の姿顕せる、梵字まんだら文字仏、書写勤行の一念で

一、万事必成必勝の、阿吽の呼吸の霊力を悟り授かる梵書道

一、釈迦大咒（一唱）

一、お釈迦様の教え（八正道を唱和）

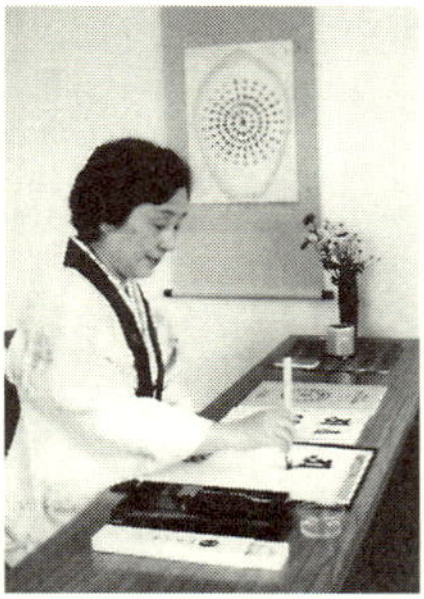

筆者による梵字の書写

1、正見の心をもつ　正しい見解、正しく自分を見る
1、正思惟の心をもつ　正しい考えをもつ
1、正語の心をもつ　正しいことばを話すようにする
1、正業の心をもつ　正しい行いをする
1、正命の心をもつ　正しい生活方法を考えて　正しく生きてゆくようにする
1、正精進の心をもつ　正しい努力を惜しまないようにする
1、正念の心をもつ　正しい心を常に心にながくとどめるようにする
1、正定の心をもつ　迷いの無い浄《きよ》らかなるさとりの境地に入るようにつとめる
一、梵天真言（三唱）
一、不動真言（慣用音にて唱和・三唱）
一、光明真言（慣用音にて唱和・三唱）
一、南無大師遍照金剛（弘法大師宝号・三唱）
一、南無大英院梵禅斎円宗師（三井斎円宗師法名・三唱）
一、願文（梵字仏書写によって正しい仏智とお力をお与え下さい）
一、回向文
一、合掌　三礼

私はお釈迦様の御教えを学ぶ機会を大切にし、梵字のすばらしさを一人でも多くの方に普及し、理解して頂かないともったいないと思えてなりません。

このように梵字普及のために少しずつ歩みだせたのは、以下にご紹介しますように、中村元博士や金岡秀友先生、高野山の斉藤興隆前管様や小森清司先生をはじめとする多くの方々の温かいご支援が頂けたからと深く感謝いたします。

また、この講座を三十年間も継続してこられましたのは、当講座にとってかけがえのない第一期生の劔持斎卿様が私心を捨てて三十年もの長い間、月に一度は必ず新潟からわざわざ上京され、ご尽力下さったお陰です。そのご苦労にはまったく頭が下がります。

中村元博士とのご縁

ここに『やさしい梵字仏』に序文を頂いた中村元博士の別の文章を転載します。

「梵字は東洋独特の深遠な芸術である。梵字が中国を経て日本に伝えられるとともに、梵字は独特の美学的意義を持つようになった。三井斎円師はもともと工学博士で自然科学者であったが、梵字に魅せられ激発されて、人間内観の精神世界へと進み入り、分析的な科学的思考を梵字に適用して、現代の美的感覚にかなう独自の書体を完成された。殊に師の発明されたフェルト製朴筆を使うと、何とも言えずすっきりした形象が出現する。それは現代人の美的感覚にぴったりと適合するものである。騒がしい世の中にあって、心の安らぎを与え、眼に見えぬ神秘の世界に導き入れてくれる。この美しい梵字の書道を伝えていることは、わが国の大きな文化財であり、誠に有り難いことです。

わたし自身が梵字をどうもうまく書けないので、裔円流の書体をみごとにこなされる人々を羨ましく思う。

国際梵字仏協会では、三井裔円先生の御遺志をあおいで講座をすすめておられ、海外でも展覧のお集まりを開いておられますが、梵字書道が国際的に歓迎されることは、誠に同慶の至りです。今後の発展を切に希望いたします」（中村元東京大学名誉教授）

昭和の偉大な仏教学者であられた中村元博士は、一九九九（平成十一）年十月十日に八十八歳をもってご逝去あそばされました。

中村博士の学問は大変広範囲にわたり、その著作の数は超人的であるといわれておりまして、博士は勉強が大好きでしたと奥様が申しておられました。

そのような偉い先生ですが、誰に対しても謙虚で、人情味豊かで笑顔を絶やさず、多くの人々の尊敬を受けられておられました。私のような浅学非才の者にも中村博士はいろいろと梵字仏啓蒙にご指導を賜りました。誠に光栄の至りです。

亡くなられる三カ月前の六月に、もうお水しか飲めない状態だと伺ったので、私が愛飲しているパイロゲンジュースをお送りしましたところ、奥様からお電話を頂き、「主人は電話に出られますよ」とおっしゃって下さってお話しすることが出来ました。博士は「もう私はいくばくもない命なので、どうか仏教文化興隆のためにご尽力下さい」とご指導頂きましたので、大変恐縮した次第です。

博士の葬儀の折に弔辞を述べられた親友の方が、「中村君、君は人間として百点満点の人生を歩まれた。おめでとう」とおっしゃられたのが印象的でした。折しもその日は一九九九（平成十一）年十月十日で、先生はお釈迦様のみもとに旅立たれました。

お元気な頃の中村元博士と

小森清司先生のご支援

今も国際梵字仏協会にご協力頂いております小森清司先生（工学博士）から推薦文を頂きました。

「仏教芸術の文化遺産として伝えられてきた梵字は、今では根本仏教を研究し理解する上でなくてはならない貴重な宝物となっています。しかしそれよりも、梵字一字一字が御仏を象徴する種子である事の方がはるかに神秘的であり、そこに他の芸術ではとても味わい得ない魅力を感じます。

三井斎円先生は、このようなすばらしい梵字を一人でも多くの人々に紹介伝授したいという切なる願いから、まったく新しい様式の朴書体梵字書道として完成されました。その書体の正しさと美しさは広く内外から高い評価を受けており、特に先生の作品は卓越していて、芸術性に秀で、瑞麗で、格調高く、他にその類例をみません。

燃える炎で忿怒を現した不動明王の種子「」や妖艶な天女の舞を彷仏させる薬師如来の種子「」、さらに先生秘蔵の月輪中の阿字観本尊大日如来の種子「」などまったく説明抜きで感動をおぼえるものばかりであります。しかも、その文字仏の前に座して瞑想に入ると、自然と広大無辺の光明世界へ吸い込まれるという誠に不思議な力をもっています。

信仰浅く、薄福少徳の我々ではとてもこんなすばらしい文字仏を写仏することなど望むべくもありませんが、それでもなお一心不乱に写仏するならば、精神統一の末、御仏と感応道交できるともいわれています。それも良き指導者があってのことでしょう。

幸いなことに、斎円先生によって梵字仏書道講座が開講され、どなたもこのありがたい文字仏を自分自身の手で写し出せる機会が与えられました。現在は窪田成円先生が斎円先生の御遺志を継承され、講座内容もテキストも大変充実されて三十年間続けられています。皆様も、この千載一遇の機会を生かして梵字仏書道に入門し精進されんことを受講生の

一人として心からお奨めいたします」（小森清司長崎大学名誉教授）

（四）梵字仏啓蒙普及活動

一つずつの努力

梵字仏書道講座が本格的に活動しだしたのが昭和五十六年ですが、三年後の昭和五十九年に宗師亡きあと、私に課せられた使命は、師の遺志を継いで梵字仏書道講座をさらに発展させることでした。

一九八五（昭和六十）年になりますと、政治の世界では派閥の分裂抗争はやまず、都会では風俗の乱れは底無しのようになり、悲しい出来事としましては御巣鷹山に日航ジャンボ機が墜落したことでした。バブル景気の中で日本人は浮かれていましたが、アフリカでの飢餓はますますひどくなるばかりです。梵字仏書道講座は、バブルとはまったく無縁なところで地道な活動を続けるよりほかありません。

『やさしい梵字仏』刊行

一九八六（昭和六十一）年五月には、『やさしい梵字仏』（三井奝円書、窪田成円編）をやっと宗師の旅立ちから三年目に供養を兼ねて知道出版から刊行できました。

梵字の正しい字形、筆順を示し、基本筆法を習得できるように工夫した実用書であると同時に、梵字と梵字仏、真言などの初歩的知識が得られるように編集しました。かねてより私たちを励ましてくださったインド哲学の泰斗中村元先生から序文を頂くことができ、大変感激いたしました。

中村元博士からいただいた序文の一部を紹介したいと思います。

「……インドの文字は西紀前八世紀ごろフェニキアから移入され、最初は商人のあいだで用いられていたが、やがて一般に流布し、後代には諸宗教の聖典が文字に書写され、それは功徳があることとして推賞された。しかし、文字に宗教性を認めることはなかった。

ところが真言密教の興隆とともに、サンスクリットの文字（梵字）に特別の意味が付せられるこになった。それは単にコミュニケーションの手段ではなくて、一つ一つの文字が絶対の者である仏の徳を表示するものと解せられたからである。まさにシンボリズムの極地である。

しかし、インドでは梵字についての書道なるものを発展させなかったようである。梵字が中国を経て日本に伝えられるとともに、梵字は独特の美学的意義をもつようになった。幾多の先師碩学がそれぞれ独特の書法を発展させたのである。

いま、ここに刊行する『やさしい梵字仏』なる書は、先年、三井奝円宗師が書かれた梵字を、その門下である窪田成円女史が集成編纂されたものである。

近年、梵字に対する関心が高まり、いろいろと立派な書物が刊行されているが、このたびの書はまったく独自の風格をもっている。……」（二〇〇六年にはCD付きで新版を刊行）。

『墓と石塔』刊行

このころ私も「成円」と法号をもつようになっています。宗師の思想を世界に広め成り立たせるという意味合いを自分の名に込めたもので、それは私の覚悟の徴《しるし》でもあります。

梵字仏書道講座のさらなる発展を望みつつ、『やさしい梵字仏』刊行から二年後に三井奝円著『墓と石塔』（知道出版、一九八八年）が出版できました。宗師が昭和二十五年に書き置いた原稿です。本書のために川崎大師の高橋隆天貫首から貴重な一文を頂きました。

一九八九（昭和六十四）年の一月に昭和天皇が崩御され、一月八日から平成元年と元号が改まりました。

一月十五日、東京・港区芝にある仏教伝道センタービル八階「和の間」に一〇〇人が集まり、宗師の他界から五年目にして出版された遺稿集『墓と石塔』の出版記念会を催し、宗師の数々の業績を讃えました。

この本の出版まで、実に執筆から四十年という月日が経っていたのです。会場の正面にはにこやかな師の遺影と代表的な作品「阿吽の宇宙法まんだら」が飾られました。

「梵字は精神世界へのパスポート」

一九八九年には、北京で天安門事件が起こり、ベルリンでは東西を隔てていた壁が撤去されるという事態になりました。それらの事件は、時代の流れが大きく変容していく予感を人々に与えたのです。翌年になると、バルト三国がソ連より独立し、長年の悲願だった東西ドイツの統一も成立、しかし、世界の動きは平穏ではありません。

そのような状況の中で、私たちはますます正統な梵字の普及に専念いたしました。この年の三月十七日は、早いもので奝円宗師の七回忌にあたります。ご遺志を継いだ私の講座活動も九年になりますが、この間の体験が微力な私には血のにじむような苦労に感じられました。しかし、講座の内容が次第に充実してまいり、多くの方々の精神的な後援も得られるようになりました。

とりわけ清水榮一先生（元産能短期大学教授・梵字仏後援会名誉会長）のお力づけは実にありがたいものでした。先生は「梵字は精神世界へのパスポート」だとして私たちを励まして下さいました。また、「梵字にはロマンがある。その梵字には古代から永遠に連なる悠久の時間がある。……三井奝円宗師は、宇宙大自然と一如同身の体験から、日本の風土と感性を通して、力強くかつ優美な独自の書体にまで完成された。コミュニケーションの道具としての文字を、現代の息吹を通して、芸術の域にまでよみがえらせたのである。……梵字仏書道を通して、自分の本来の姿に触れ、ホトケとの出会いに語らいをもつことが出来る。それ故にこそ梵字仏書道の体得は精神世界へのパスポートであるといえよう。……そしてわたしたちの、〝梵字仏後援会〟が、そのためにこそ、一端の役割を担うというお手伝が出来ることを、この上もない幸せと感じ、そのご縁で、広く皆様方との、絆を求める次第である」

さらに申せば、精神世界へのパスポートそのものが「世界へのパスポート」へと広がって行くことが私の念願です。

山梨県立美術館にて梵字マンダラ展開催

私たちは、一九九一（平成三）年九月、講座の成果を世に問うために、山梨県立美術館にて「梵字まんだら文字展」開催しました。この美術館はミレーの「種蒔く人」の絵で有名です。三井奝円宗師の作品三十点と講座生作品七十点を山梨造形会の皆様の絶大なご協力により盛会裡に催すことができました。

特にNHK、YBS、UTYのテレビニュースでオンエアされ、多くの方々が梵字仏に関心を示して下さいました。三井奝円宗師のふるさとでの発表は、何よりの墓前への報告となりました。

この宇宙の真理を象徴する梵字仏展は、精神世界に関心のある方にとっては、心に深くしみわたると感動され、短い会期中に二度も三度もご来館くださった方もおられました。特に宇宙の梵字仏の阿吽の法マンダラや阿字観は、キリスト教や神道の方々にも通じ合うようでありました。牧師様や修道尼様も「心は一つですね。すばらしい展覧会です」と感激してお帰りになりました。講座生も皆様の賞讃にいたく感動いたしました。

金胎両部梵字マンダラを発表

同じ一九九一年の年明け早々、湾岸戦争が勃発しました。テレビゲームのような戦闘だ

山梨県立美術館の展覧会場（金胎両部梵字マンダラの前にて）

と、情報を見入る人に強烈な衝撃をもたらしました。その後、ソ連は解体の方向をたどりましたが、そのために多くの混乱を生じることになり、今でも紛争の種は払拭されていません。

日本では自然災害とはいいながら雲仙の普賢岳が何かの怒りのごとく、突然大噴火を起こし大規模な火砕流に罪もない人々が呑み込まれたのでした。この年にさしものバブル経済も弾けとんでしまいます。

ところで、このミサイルによるすさまじい湾岸戦争には、私も言葉に言い表せないほどの衝撃を受けましたが、折りしも金胎両部法マンダラの制作中でした。特にそのマンダラの梵字を朱色にて書き始めた日が一九九一年一月十七日の湾岸戦争が始まった日でした。毎日停戦を祈りながら梵字を書写しておりましたところ、ほぼ書き終わった日に停戦の知らせを聞き、法の偉大さにあらためて驚きました。

この金胎両部法マンダラ作品は私の思い出深い作品となり、「平和の祈りのマンダラ」と名付けました。古代インドの文字である梵字仏は国境を越え、民族を越えて見る者の心を清め、心を響かせてくれるとおっしゃって下さる方もおられます。

この混乱の時代だからこそ、私たちは梵字仏による愛の波動によって世界平和を祈りたいと願う次第です。

なお、梵字マンダラ作品制作にあたりましては仏画家の松田要準先生が彩色の面で多大なご協力を頂き、大変立派な作品が完成しました。今も八十歳でお元気でおられるのも「この仏様のご加護によるものです」と、おっしゃっておられました。

それと共に書家の石川正典様にも作品制作にはいろいろとお力添えを頂きました。ご協力を感謝申し上げます。

また、高野山の僧侶であられる中森輝雄様は、大変見事な作品を仏画と併せて制作されました。とくに、般若心経の梵字と光明真言の梵字で描き上げられた高野山の大塔は、大変すばらしい作品です。

インドのアニル教授を招いて

一九九一年三月二十三日、仏教伝道会館にて、インド国立教育研究所のアニル・ウイシャランカール元教授をお招きし、ご講演を頂きました。アニル先生はバラモンの家庭に生まれ、幼少の頃からサンスクリット語を話されて育ちました。ですから、長年の研究とあいまってインドでも数少ない梵語の権威者です。講演の大要は次のごとくです。

「サンスクリットは極めて重要な古代言語だという一般通念があります。またそれが神聖な言語だということも一般に信じられています。実際、日本語でサンスクリットを梵語というと、仏教との関連は別にしても、一種独特の神聖感が漂ってきます。

確かに至高の精神的な観念や理想がこの言語で表現されてきたという意味で、サンスクリットは神聖言語といえます。宇宙の究極の真理を知ろうとする長く続けられてきた人間の努力と、発見されたこの真理を人間生活の中で実現しようとするたゆみない企ての記録が、まさにこの言語でなされてきたのです。

サンスクリットで表現されてきた思想は、過去五千年もの間、インドの生活に深い影響を与えてきました。この影響は現代にまで及び、ヴィヴェカナンダ、タゴール、マハトマ・ガンジー、シュリ・オーロビンド、ラダークリシュナンなどは、いずれもこの思想の大いなる讃美者でした。サンスクリットは日本を含めたすべてのアジア地域の文化に強い

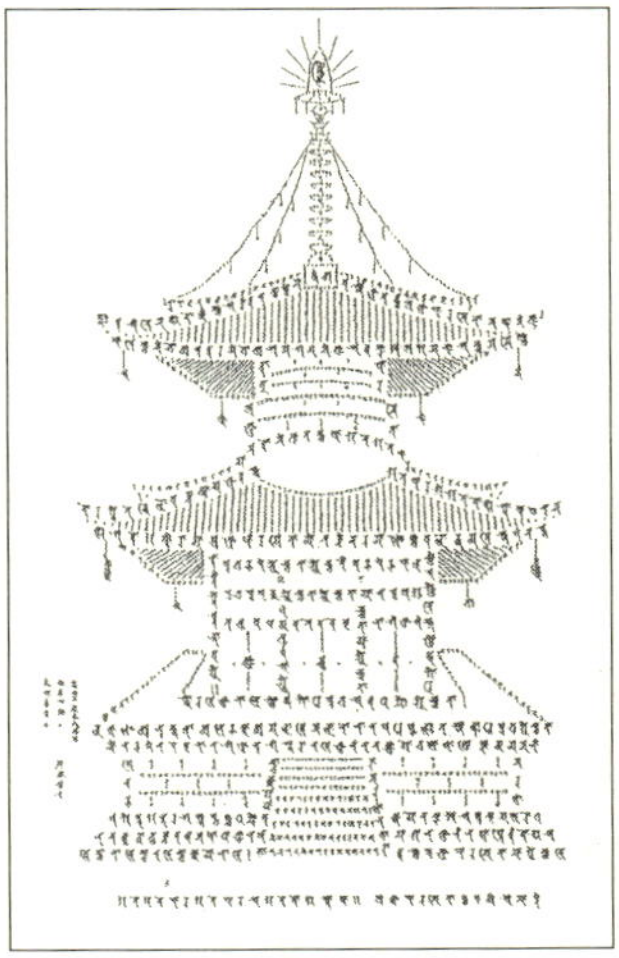
高野山大塔（梵文般若心経・光明真言）。中森輝雄書

アニル教授

影響を与えてきました。

　サンスクリットで表現された思想は現代生活にとっても極めて重要であって、このことは知性ある人々ならどうしても肯定せざるを得ません。その意味でサンスクリットで表現されてきた観念は、人類の未来においても通用するといえます。

　日本は長い間サンスクリットに深い係わりを持ってきました。またこれに関連して古い伝統を保持してきています。私の今回の日本訪問において、最もすばらしい体験の一つは、窪田さんがサンスクリット文字悉曇の指導に精根を傾けられていることを知ったことでした。これは審美的観点からとらえるべき美的努力であるにとどまらず、精神的で瞑想的な目的を持つものです。

　この伝統が今後ともさらに発展することを願っています。同時に私は、ますます多くの日本人がその知的欲求をみたすためにも、サンスクリットを学んでほしいと思っています。日本人がサンスクリットで表現された思想に独自の貢献をなすような時代がやがて訪れることを切に祈ってやみません」（中島巌・訳）。

　深い示唆と過分のお褒めに預かりましたが、このお言葉に応えられるように精進しなければならないと考える次第です。

（五）世界にはばたく梵字仏マンダラ展

百光遍照観想図を通して仏様と一体となる

次頁の写真の百光遍照観想図に刻まれている梵字は、梵字の基本文字で大日如来を象徴する阿字を中心にし、一周目の十二文字は摩多という母音を表わし、二週目の二十五文字は体文という子音を表わし、三周目から五周目は体文を摩多で変化させた百字と、合計百十三文字が刻まれています。

これは「大日経疏」に説かれた胎蔵法の一観法であり、字母の字輪を観布するのです。一々の字がみな光明を放って、無智の暗を破り、大威徳を成就すると説かれ、この百字の光明で遍く法界を照らしので、「百光遍照」といい、別名は「大日如来」だそうです。

その当時、私はこの百光遍照観想図を毎日書写することにしておりました。二十一枚目を書写しておりました時、下腹のところが熱くなり、梵字が入った金色の月輪が、頭上からお腹の中に入っていくのを感じたのです。これは仏様が体内に宿り、まさに仏様と一体

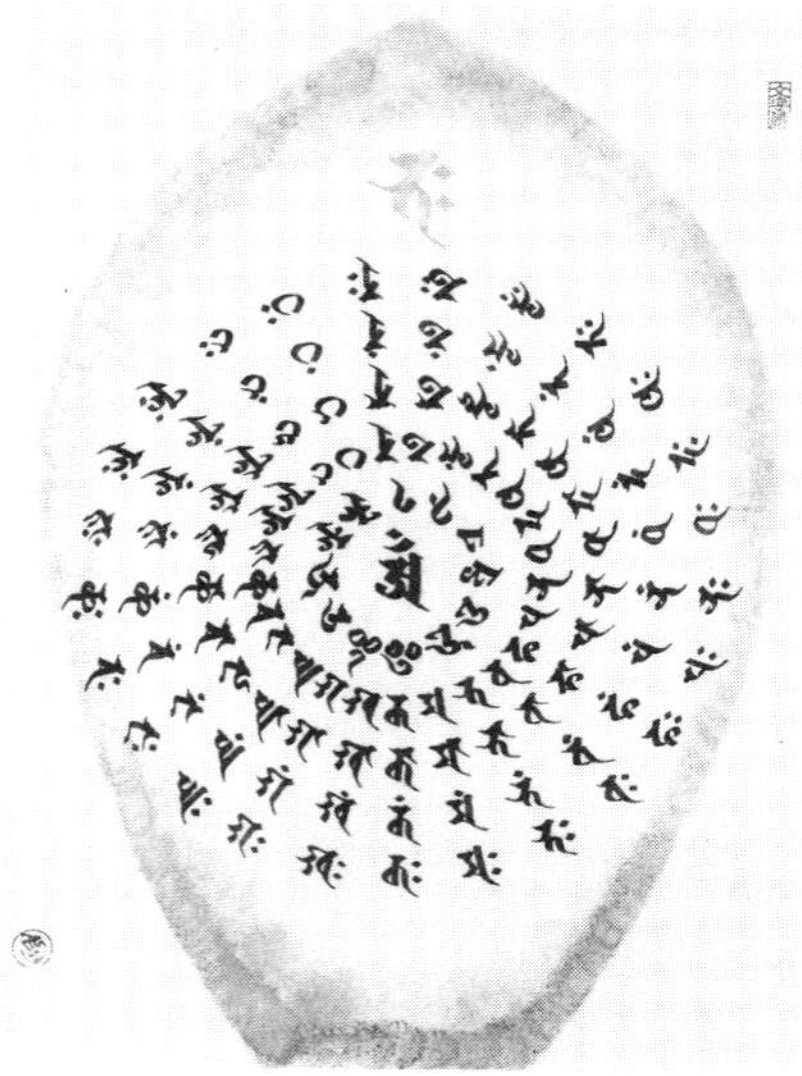

となった境地を示して下さったようです。

そして、仏様がしっかりと私の体と心を支えて下さっているのを感得させて頂きました。非常に頼りがいのある仏様、すなわち広い大地にしっかり全身が包まれていく感動を覚えたのです。この体内に宿られた仏様の支えによって、強くなれるように思え、私にふさわしい尊い修行法にめぐりあえ、ただ感激に全身を震わせたのです。

また、千枚書写の中でよい作品を頒布させて頂き、梵字仏書道講座の資金に当てるようにというご霊示が降りてまいりましたとともに、フランスにおいて梵字マンダラ展を催すようにというご指示がさがりました。

フランス・ボルドー市で日仏文化交流

これは一九九一年十一月二十三日から三十日までフランスのボルドー市で「日本文化交

流フェスティバル」が八日間開催されました。当協会も初めて参加、梵字マンダラ作品を展覧して日仏交流親善を図り、予想以上の成果を収めることができました

私たち一行十名は、成田から約十五時間の空路の旅でしたが、そのあとボルドー駅近くの美しく可愛らしいホテルに夜の十時頃到着しました。パリよりも一足早くクリスマスツリーが夜の街を彩っていました。翌朝、ホテルの前を散歩したところ、街路樹のすずかけが紅葉し、晩秋の静かな街のたたずまいにやっとフランスにきたという実感が湧き上がりました。

「ボルドー」は「水のほとり」を意味するそうですが、ガロンヌ河のほとりに広がる美しい街で、十六〜十七世紀の建物がそのまま残っており、特に石造彫刻の素晴らしさが目につきました。若き日の匍円宗師もこれらをきっとご覧になったことでしょう。

当時のボルドー市長ジャック・ジャパン・デルマス氏は大変な日本びいきで、市および市民を挙げて私たちの参加を歓迎してくださり、街にはいたるところフェスティバルのポスターが貼られていました。特に「禅」の字が目につきました。

当講座の梵字マンダラ文字仏は、パレトゥラブースという十八世紀に建てられた非常に立派な建物の一階にある、一番よい場所に飾って頂きました。二十三日のオープンには大勢の観客がつめかけて会場は大変な混雑でしたが、私たちの会場も盛会で、ボルドーの人

パリ梵字平和マンダラ

たちから、「ようこそ遠方からいらして下さいました」と、ねぎらいの言葉をかけられ、日本で経験したことのない喜びを味わいました。

　幸運だったのは、マダム・ドミニクさんが私たちのコーナーの通訳を受け持ってくださったことです。というのは、彼女はその時から十五年ほど前に日本に留学し、日本人向けにフランス語の講師をなさっておられたことがあり、広範な知識をお持ちの方です。梵字への関心も非常に強く、日本人でも難解な解説文を自らすすんで仏訳し、作品の横に貼って下さいました。ドミニクさんとの出会いは、私たちへの最高のプレゼントでした。

　水書新鑑箋による実習は大変好評でして、人が絶えることなく子どもからお年寄りまで多くの方が体験され、朴筆を譲ってほしいとせがまれたほどです。

　梵字は「幸せの象徴」Symbole du bonheurと説明いたしましたところ、多くの方々から「阿吽」の字を書いてほしいと要望され、私が書き始めますと長い列ができてしまい、一時間以上待っておられるのには驚きました。どこの国の人も、幸せを求める心に変わりはないようです。

フランスの人々の絶讃の言葉

仏教への関心もことのほか深く、フランスで長年座禅を布教された弟子丸さんのお弟子さんが数名おられました。「座禅をするとき、この作品を飾りたいので頒布してほしい」との申し出が何人かありましたが、文化交流なので頒布できない旨を申し上げますと、非常に残念がられました。フランス人は文化に対する関心が深く、この展覧会も六万人の人々がご覧になり、日本文化への興味は他に例を見ない高揚を示されました。

会場に備え付きのノートに感想が盛り沢山に記されました。その中からいくつか選んでみましょう。

「この展覧会をみて心の琴線にふれる今までにない感銘を覚えました。感性と美が静謐さの中に一体となっているのですね」（L・L・ボルドー）

「真実というものはしばしば西欧の前にたちはだかるものを媒介としてあらわれるものなのですね。内在する核（エッセンス）の中にあって究極をシンボライズするこの芸術は我々を幸福に導く唯一のものです。上出来です。皆さんの表現されたものが好きです。そして宇宙という概念の中で浮遊するのはとても心地のよいものですね」（クロード・ザカリー）

「私は特にこの素晴らしい文化の洗練と美的センスを評価したいと思います。いろいろ教えてくれてありがとう」（M・デライエン）
「きれいでおもしろい展覧会でした。大きくなったら日本に行きたいです」（G・サニト／七歳）
「調和の教えと作品、それにお茶のもてなしをありがとうございました。そして作品からたちのぼる静けさ、平安にも感謝します。
PS　ところで日本はこれと同じ静けさを経済の領域でも取り入れてくれるのでしょうか？」（N）
最後のコメントの追記などはフランス人らしいエスプリをぴりっと効かせていますが、なにはともあれボルドー市民の熱意にお応えできたと同時に、三井奝円宗師の願いである梵字仏の種をフランスにまくことができて、大成功のうちに意義ある国際交流を図ることができたのでした。
このフェスティバル参加を記念して仏教書

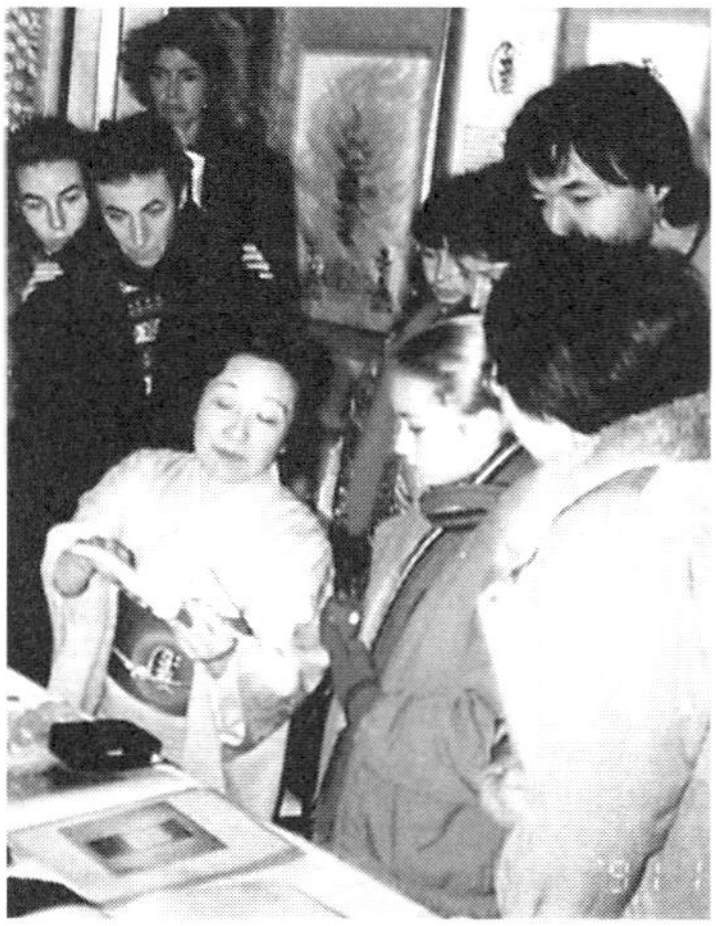
ボルドーの人々に梵字を書いて差し上げる筆者

や『梵字揚鑿』をはじめ各種の関係書物をボルドー市の市立図書館に贈呈してまいりました。向学心の強いボルドーの市民の方々が、これらの本をごらんになられて仏教をさらに理解してくださることを期待しています。

ベルナール・フランク教授に再会

フランスでもう一つ喜ばしいことがありましたので、付け加えておきます。私たちはボルドーでの展覧会の合間を縫ってパリに出かけました。ギメ美術館のベルナール・フランク教授に再会するためでした。

フランク教授は、日仏会館の館長をなさっていた昭和四十八年に『梵字揚鑿』をお求めになり、フランスの図書館へ送って下さった方で、それがご縁となりました。ボルドーでの私たちの展覧会より二年ほど前、西武百貨店でギメ美術展を主催され、そのときにもお目にかかっているのですが、フランスに帰国後も教授は大変お忙しいにもかかわらず、私たちを大歓迎してくださいました。ギメ美術館の展示室を教授自ら流暢な日本語で案内して下さり、大変贅沢な美術鑑賞でした。

ギメ美術館にてフランク教授と同行者一同

明治時代にギメ氏が日本から求められた六〇〇点近い仏像が別館にきれいに飾られ、一点一点の仏像にフランク教授の研究による解説文が付されています。また、教授がまとめられた図録は詳細を極め、その研究熱心のほどには驚かされるばかりです。日本人よりはるかに仏教を深く研究されていることに敬意を表しました。そういったことで再会を果たせたのは幸運でした。

(六) 国際梵字仏協会発足

梵字仏普及活動二十年目の節目

功徳は積むものだとすれば自分ではまだまだ足りないと精進三昧なのですが、それにも拘らず仏様のご加護を頂き、皆様のお蔭を被り、ご縁の輪が広がっていくのを衷心よりありがたいと思うばかりです。ボルドーでの成果を踏まえて、その後の活動を振り返ってみますと、しみじみとその感を深くします。

一九九二(平成四)年四月には国際梵字仏協会および後援会が発足いたしました。私の梵字仏普及活動もこの年で二十年目となります。ボルドーのフェティバルに参加しまして、梵字が国際的に通じることが実証されました。東洋で生まれた梵字の叡知は今や地球を救えるものであり、梵字仏を地球上に普及することによって宇宙の浄化が図られるとされる考え方を世界の人たちに認識して頂きたい、と二月にひらめいたことを実現しようと決心しました。

梵字を研鑽されている方々や梵字に関心のある方々と手をつないで、梵字の輪をつくり、梵字マンダラ世界を築くことが、二十一世紀を目前にした私たちの使命ではなかろうか、と考えたのです。奝円宗師の夢であったスペースシャトルで宇宙に飛び立とうと訓練を受けておられる毛利衛さん（飛行実施は九月）の科学と並行して、この地上では、少しでも人類のお役に立てればとの希望を抱いて発足させたのが国際梵字仏協会です。

中村元博士をはじめ山口超禅（パウッダ・ヨーガ協会会長）さんや清水榮一先生のご讃同を頂き、変動きわまりない世界に立ち向かっていく勇気が湧いてきました。協会の名誉会長を務めて頂く清水先生は、当時の国際情勢を鑑みた上で、人の「縁」は大事にしなければならないとして次のようにおっしゃいました。

梵字仏による愛の波動

「世の中は、ボーダレスといって国境のない世界になっていくといわれますが、現実は、民族と宗教による戦いが続き、国境の壁は高くなるばかりで、ボーダーフルの時代ともいえます。国際化というとき、私たちは頭の中についい欧米を考えてしまいます。しかし今、日本の経済を支えているのは、アメリカ、ヨーロッパ、アジアのうち、最も比重が高いのはアジアです。そしてアジアの経済は着実に成長しています。二十一世紀を考えるとき、アジアが世界の中での光り輝く発進基地として機能することになると確信するものです。

今の時代だからこそ、私たちは梵字仏による愛の波動によって、世界の平和を祈りたいと思います。輝くような美しい光を放つ梵字仏のお姿は、それを見る者の心に合わせて共感を呼び起こし、大宇宙、天地、そして人間の生命の躍動による連帯を呼びさましてくれることと思います」

国際梵字仏協会の設立を祝す

また、山口超禅さんは、「国際梵字仏協会が窪田先生はじめ、多くの関係者によって設立されたことは本格的に梵字を学習研究する者にとって大変心強い組織となることと思います。一つの組織を築くということは並大抵のことではなく、その意味でも窪田先生の決断と行動力、そして人間関係の深さに感じさせられ敬服している次第です。……未来への生命を伝道するための役目として、協会の存在は重要なものがあると考えています」と讃同の言葉を寄せられました。

このような素晴らしい意見に後押しされ、国際梵字仏協会と銘打って特別講座を設置しました。ここには斯界の錚々たる先生方が講師として参加して下さったのです。金岡秀友博士（東洋大学名誉教授）をはじめ頼富本宏種智院大学教授、同じ種智院大学の児玉義隆先生、松田要準画伯（仏画家）、そして高野山僧侶・中森輝雄先生のご助力とご支援には、ただ感謝あるのみでございます。

一九九二年十月には、中村元博士の紹介で国立市のＮＨＫ学園オープンスクール本校に梵字講座が開講され、私たちの願いを届けるべき輪がだんだん大きくなってきました。

ＮＨＫ学園梵字書道講座のご案内より

「国際梵字仏協会では、三井奝円先生の霊妙通力のある美しい梵字の講座を三十五年近く継続していますのも、多くの皆様のご指導、ご支援の賜物です。

特に中村元博士のご推薦によってＮＨＫ学園本校のオープンスクールで少人数にもかかわらず、十五年継続することができましたのも学園の皆様の温かいご支援によるもので、私も山梨から国立まで約二時間かかりますが、休まず講座を続けることができました。ここに篤く御礼申し上げます。

特に東洋文化に造詣が深い三笠宮殿下が学園にお越しになられた折り、私どもの教室にお立ち寄り下さいまして、朴筆を手に梵字をお書き下さったことは誠に光栄なことでした。……」

その後、講座には外国の人たちも訪れ、国際色を帯びるようになったのは喜ばしいことです。

梵字仏のさらなる世界飛翔に向けて

一九九三（平成五）年一月早々には、古代エジプト学者でカイロ・アメリカン大学教授のファイガ・ヘイカン女史が国際交流基金の招きで来日され、私たちの講座の作品をご覧になりました。そのときにエジプト考古学の文字のお話をして頂き、古代文字文化の交流の場をもつことができました。

四月の開講には、梵字仏書道講座手鑑テキストを十五年目にして完成したものが間に合いました。六月にはＮＨＫ甲府支局ギャラリーにて、皇太子殿下と雅子様の御成婚を祝って「梵字マンダラ展」を催したところ、ＮＨＫテレビ「くらしの情報」で紹介す

アメリカ仏教伝来100周年梵字記念展

るということから私が出演し、梵字仏のスポークスマンの役目を果たすことができました。

七月三十日、アメリカ・ポートランド市の日本庭園にて、アメリカへの仏教伝来百周年を記念して「オリエンタル・スピリット・アート展」が開かれ、私どもも特別出展として作品五〇点を空輸し、贈呈しました。アメリカの人々は、この梵字アートを感動をもってみつめられ、好評を博したようです。

（七）梵字発祥の地インドで「梵字マンダラ展」の披露

インド大使館にて梵字マンダラ展開催

梵字仏啓蒙活動二十周年記念の一環として、一九九三年十一月に東京・九段のインド大使館一階大ホールで「梵字マンダラ展」を催したところ、NHKテレビの朝のニュースで紹介され、三日間でしたが連日大盛況にて、最終日にプラカーシュ・シャー駐日インド大使も会場にいらっしゃいました。そして、「日本の宗教的瞑想システムの中で、これまで存続されてきた古書体による素晴らしいサンスクリット書道展を見て、大変うれしい。また、大使館がこうした展覧会に係わりをもつことができたことを誇りに思う」と、ありがたい

梵字作品展会場

インド大使館の展覧会で、インド大使ご夫妻にご高覧いただく

メッセージを頂いたのです。詳細は（九）の項（一九六頁）で述べさせて頂きます。

梵字発祥の地・インドのサンスクリット大学及び国際タゴール大学の日本学院開所式典にて梵字作品披露

一九九四（平成六）年、インドのサンスクリット大学、タゴール国際大学での展覧会という運びになりました。二月に梵字発祥の地インドに作品を携えて飛び立ちました。この旅は、中村元博士とタゴール国際大学で長年教鞭をとっておられた我妻和男教授のご縁によります。タゴール国際大学は西ベンガル州のサンティニケタンにあり、平成六年一月に設立された「日本学院」がこの二月に開所されることになり、その式典に梵字作品を展示披露させて頂くのが目的でした。

そこにインド副大統領をお招きし、盛大な式典が催されました。インド駐在の山田大使も当会の作品を丁寧にご覧下さり、古代インドの文化が日本文化に溶け込んで保持されていることに驚嘆されたようです。

お釈迦様の聖地へ梵字作品を奉納

その後、インド各地の聖跡を巡拝して、お釈迦様をお慕い申し上げている皆様が心を込めて書写された梵字仏を納仏しました。この梵字仏がインドの地に根付き、悪いカルマを絶ち、インドの聖地を浄化し、無事巡礼を助ける役目を担ってくれることを祈りつつ、お納めしてまいりました。とくにお釈迦様が初めて説法された初転法輪の地サルナートや、お釈迦様の悟道の地であるブッタガヤへの奉納は、胸が熱くなり、感激に身が震えました。

サルナート博物館では、写真で見る美しいお顔の初転法輪のお釈迦様の石像をまのあたりに拝して感激。また、インドの文字の一覧表も見ることができました。ブッタガヤの菩提樹のもとで悟りを開かれた、このお釈迦様が座られた金剛法座に直接手を触れることができました。この金剛法座の上にはいろいろなお供え物が美しく飾られており、劔持さんが旅行中持ち続けた三井脩円宗師の遺影を置かせて頂き、釈迦大呪を何十唱も唱えました。

ブッタガヤの金剛法座にて梵字納仏供養

山田大使も梵字マンダラ展ご高覧

ブッタガヤの大塔の中のお釈迦様の像の前に、皆様が書写された梵字を納仏し、インド在住のスリランカの僧侶の方と勤行しました。これから先も丁寧に御供養下さるとのこと、皆様への何よりの報告となりました。

「二五〇〇年も前の古代インドの梵字が、日本で現代まで保たれ学ばれていることは、インドの誇りである。国際梵字仏使節団一行の訪問によって、日本とインドの関係が一層緊密なものとなる」と、大きな反響を呼び、各地で大歓迎を受け、感動と驚きの毎日を過ごしました。これも一つには駐日大使館の皆様の深い配慮がインド本国に細やかに届いているお蔭であろうと、素晴らしい旅を感謝いたしました。

そして、裔円宗師の説く阿吽の真理、宇宙の「まごころ」がどんなにか懐かしく切実なことかと思いました。

日本の寺院でも作品展を催す

高幡不動の宝輪閣落慶法要や東山華山大仏祭、川崎大師の吉例大開帳（十年に一回）を記念して作品展を三カ所にて催しました。多くの人が梵字仏を観想することにより、梵字種子がこの世に蒔かれ、人の心が静謐平穏になることを祈るばかりです。

ちなみに高幡不動の川澄管長猊下の奥様は、NHK学園にて長い間学習され、梵字般若心経の掛け軸を制作され自坊の寺宝とされているようです。

また、一九九九年二月高尾山薬王院客殿において、大山貫首様のご配慮を頂き梵字仏作品をご披露させて頂きました。

七月には、サンスクリット大学院学長ラマランジャン・ムケルジ博士の来日を仰ぎ、「現代と未来におけるサンスクリット語の重要性」と題して切実な講演をして頂き、意義深い日印文化交流会を催すことができました。博士とは後ほどインドで再会することになります。

梵字の広報者の赤岡様に感謝

一九九四年三月、インドでのサンスクリット大学と国立タゴール大学で梵字マンダラ展を開催し帰国した折、サンケイ新聞の赤岡東記者がこの件について大変理解を示して下さいまして、サンケイ新聞（三月十四日付）の全国版生

インドのサンスクリット大学で梵字披露

産経新聞　平成６年(1994年)　3月14日　月曜日　12版　16

2500年の時空を超えた文字

国際梵字仏協会

仏陀が説いた仏教経典は、主に梵語の書体の一つ悉曇梵字（しったんぼんじ）で表現され、仏教伝来とともに日本に伝えられた。一字一字が仏を象徴するとされる、その悉曇梵字の普及指導を長年行ってきた国際梵字仏協会（山梨県龍王町、窪田成円会長）の使節団が、このほど"本場"インドの大学で「梵字仏作品展」を開き、反響を呼んだ。（赤岡東）

悉曇梵字とマンダラによる作品展は、ベナレス州立のサンスクリット大学と西ベンガル州の国立タゴール大学で開催された。

タゴール大学では、完成した日本学院の開所式典に中根千枝東大名誉教授、我妻和男筑波大名誉教授らとともに窪田会長一行が招かれ、記念行事として催したもの。

悉曇梵字そのものは、インドではすでに消滅しているため、この作品展開催によって、千五百年も前の古代インドの梵字が、日本で現在も書道や絵画、精神修養として学ばれていることを知った現地の大学教授や招待者らが感動。千人を超す来場者で盛況だったそうだ。

日本でもこの梵字は、一般には卒塔婆や守護札に書かれた文字として知られる程度だが、窪田会長は「私たちがふだん使っている言葉にも、梵語が日本語化したものがたくさんあるんですよ」。そもそもアイウエオの配列は、梵語字母（梵語のアルファベット）が基になっており、名前（ナーマン）、村（ムーラ）、傘（カサカ）、闇（ヤーミ）、天（あま＝アマラ）、旦那（ダーナ）、うら盆（ウランバナ）といった言葉の源も梵語にあるという。

"発祥の地"で作品展開催
日印の文化交流実る

中国から経典や梵字資料をもたらした小野妹子、最澄や空海らによって日本での悉曇梵字の研究がなされた。とくに空海が開祖の真言密教や天台宗の学僧によって研究は受け継がれ、江戸、明治を経て、梵字は仏教内部に定着した。

戦後になり、悉曇梵字の普及に尽くしたのが、工学博士で梵字と仏教石造美術の研究をつんだ故三井奝円（ちょうえん）氏。日本人は経済大国の物質的な豊かさに慣れ、逆に心を荒廃させたと憂い、梵字仏書写という修行を出家者に限らず一般の人々にも体験してもらうことで、仏心を芽ばえさせ、心のバランスを回復させようと試みた。また梵字を正しく美しく書くためのフェルト製朴筆を考案した。奝円流の書体による梵字の風格を、仏教学者の中村元・東大名誉教授は「心が安らぎ、目に見えぬ神秘の世界に導き入れてくれる」と評した。

奝円氏の悲願を受け継いだのが、めいの窪田さんだった。現在、三石造形芸術院、NHK学園で梵字の指導を行うかたわら、東京のインド大使館や欧米でも作品展を開いてきた。普及活動の二十周年を迎え、今回のインドでの作品展の成功を「梵字発祥の地インドで作品を披露できたことは、まさに日本でいうお里帰りであり、インド思想の輪廻転生でしょう。これからも梵字普及を通して精神文化の発展に寄与したい」と語っている。

梵字仏講座の問い合わせは☎0552・76・9276へ。

朴筆で梵字を書写するサンスクリット大学副学長ヴェンカタチャラム教授

にぎわったタゴール大学での「梵字仏作品展」会場

皇太子さま、雅子さまの結婚をお祝いした、窪田さんの梵字仏作品（阿吽＝あうん）

1994（平成6）年3月14日のサンケイ新聞に掲載された紹介記事

活欄カラー頁にこの情報を詳細に掲載して下さいました。これは大変画期的なことで、ＮＨＫ学園のセンター長様も驚いておられました。

赤岡様は『やさしい梵字仏』を何度も読破されて記事を書かれたので、その紙面の内容はとてもすばらしいものでした。お知り合いの大学の教授や文学者からも大きな反響があったとのことです。

ここにその記事を掲載させて頂きます。その後もスリランカをはじめ、いろいろな記事を書いて下さいましたが、最近では外務省の管轄で出されている「ザ・ジャパン・エコノミック・レヴュー」（The Japan Economic Review）という英字新聞の一面にも紹介して下さいました。赤岡東記者は梵字仏の偉大な広報者だ思います。

（八）スリランカに国際梵字仏文化センター建立と活動

（1）梵字納仏、平和仏舎利塔造立
上座部仏教のスリランカと仏教文化交流をはかる

一九九六（平成八）年四月、山梨県立美術館にて三井奝円十三回忌・生誕一〇〇年を記念して「三井奝円回顧展」が盛大に催され、宗師の思想の原点を再確認する機会となりました。

当協会が国際色豊かになってきたことは前述しましたが、ここで一人の人物を紹介しておかなければなりません。その人はスリランカのビッグ大学教授B・サンガ・ラタナ・テーロ氏です。駒沢大学研究生として留学されていたのですが、遡《さかのぼ》って一九九四年一月、私たちの講座にも入門されていたのです。また、氏はスリランカの仏教僧でもあられるので、当講座で梵字を学ぶ傍《かたわ》ら、私たちの願いを受けて「お釈迦様の八正道の教え」について講

義して頂きました。八正道は重要な実践徳目で、正見・正思・正語・正業・正命・正精進・正念・正定からなっています。

スリランカは、上座部仏教の国、人口の七割は熱心な仏教徒で、お釈迦様の教えを今日まで二三〇〇年間も守っております。上座部仏教とは、といってもその説明は容易ではないのですが、仏滅後百年ほど経った時に教義をめぐって教団が大分裂を起こし、一方を大《だい》衆《じゅ》部《ぶ》、もう一方を上座部《じょうざぶ》と称しました。これが根本分裂といわれる所以です。上座部は上座にあった長老たちのグループを指し示しています。のち、二つのグループはまたさらに細かく岐れてゆき、ひっくるめて部派仏教と称されるのですが、そのことはひとまず置きましょう。上座部は長老たちのグループゆえに保守的と見做されたものの、スリランカのシンハラ人の間に伝わったのがその上座部仏教で、お釈迦様の教えを忠実に守る正統派として今日まで受け継がれてきました。この国の経典は、サンスクリットではなくパーリー語です。

石の上で座禅中のサンガ・ラタナ師（この下にコブラの巣がある）

中国や日本に伝わった北伝仏教に対して、南アジアや東南アジアに伝わった南伝仏教は、スリランカ仏教が源泉源流だと伝えられています。

サンガ・ラタナ・テーロ氏との仏縁により、

平成七年の九月に、スリランカへ作品を携えて訪問し古い都のイスルムニヤ精舎とコロンボ市のキャラニヤ大学で梵字仏作品展を開く計画をたてました。パーリー語経典の国に梵字を持って行こうというのです。

氏はその月に一時帰国され、仏教界の最高権威に梵字仏をご紹介下さいました。

スリランカには悉曇梵字は伝来しなかったので、梵字が仏様を象徴する文字であることに驚かれたようです。特にスリランカ仏教の最高位の人マハーナヤカ仏歯寺管長は、「大変美しい文字だ。どのように書くのか、ここに書いて下さい」と、非常に興味を持たれたようで、「展覧会の折には、ぜひ作品を見たい」とおっしゃったそうです。

仏教文化交流を願って

一九九五（平成七）年が暮れようとする十二月、梵字と仏教文化の高揚を願って世界の仏教徒が集い、仏教文化交流と国際親善を図ることを決意しました。

また、梵字仏書道旖円流創始者宗師生誕一〇〇年と十三回忌法要を迎えたとき、これを記念して生前三井先生が夢に描いておられた梵字仏記念館をどこかへ建立したいと考えておりました。そこへ当会主催の講座へ入門しておられたスリランカのB・サンガ・ラタナ・テーロ師から、師所有のアヌラーダプラ市にある土地に梵字の記念館を建立して頂けないかとの申し出がありました。が、容易なことではなく迷っていました。

ところが三月二十日、とんでもない事件が勃発しました。新興宗教団体による地下鉄サリン事件です。詳細を知るほどに、すべてを冒涜し無にしてしまう行為が宗教の名もとにおいてなされたことにショックを受けました。私たちの願いとはまったく反対なことが引き起こされてしまったのです。それで一層凄惨な気分に誘い込まれました。

当時はこの新興宗教団体の事件の影響が世界に波及している折とて、日本の仏教の国際的信用が毀損され、釈迦仏教そのものに対しても批判の目が向けられるような状況でしたから、国際的にもお釈迦様への信用を回復しなければなりませんでした。したがって、ささやかながら国際的な立場で仏様の文字の梵字記念館を建立することも重要であると考え、サンガ・ラタナ氏の申し出を受け容れることにしました。

そこでラタナ師所有のアヌダーラプラ市にある土地に梵字の記念館を建立しようと祈りを捧げようとしたところ、ひどい雷雨となり中止しました。後で文部大臣にお会いしたとき、その土地は遺跡がたくさん出て、そのような建物は建てられないと言われました。

しかもアヌダーラプラ市に入るためには観光キップが必要だそうです。このようなことがわかり、仏様が雷鳴を轟かせ私たちに教えてくれたのだと思いました。

ちょうどその頃、サンガ・ラタナ師の親友でミニンタンレー地区担当の国務大臣より「二座部仏教の最大の聖地ミヒンタレーの国有地を大統領にお願いし提供するので、ぜひここに建ててほしい」と、強い申し出がありました。

このミヒンタレーは二三〇〇年前に、アショカ王の子息マヒンダ長老がインドから仏教を布教するために最初に降り立った地で、上座部仏教発祥の聖地です。

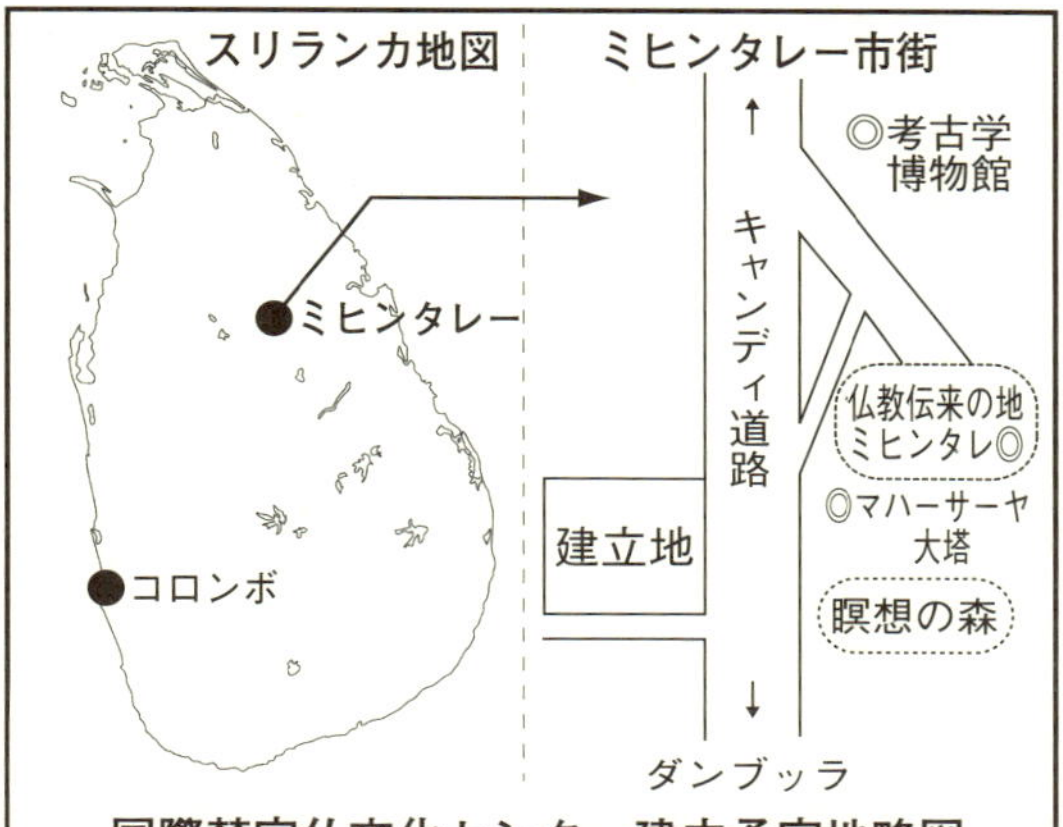

国際梵字仏文化センター建立予定地略図

このミヒンタレーからタイ、ミャンマー、カンボジアへと仏教が伝播していきましたが、八四〇〇人のアラカン（阿羅漢＝上座仏教における最高位の修行僧）が誕生したとも伝えられるスリランカでも最高の聖地です。その土地二四〇〇坪を無償で提供して頂けるというのです。

その土地はセンター建立前には一面森になっておりました。すぐ前には瞑想の森があり、多くの阿羅漢が修行した場所で、センター建立地にも八〇〇〇人近い阿羅漢が集まったようです。

これはお釈迦様、梵字仏様のお手配としか考えることができません。まさに、最初にして最高の奇跡でした。

仏教の流れがそれぞれあるにせよ、それに捉われることなく、奝円宗師が常に「ブッダに帰れ」と言われたのはこのようなことであったのかと気づかされた思いです。

ミヒンタレー市に梵字仏文化センター建立

ミヒンタレーへ伺った折には、サンガ・ラタナ氏より丁重なもてなしを受け、センター設立への決意と温かいお言葉を頂きました。

「窪田先生、会員の皆様、このたびは土地浄霊法要のためにスリランカへいらして下さりありがとうございました。スリランカの人々はミヒンタレーに新しい仏教文化の聖地が出来ることを大変喜んでおります。二三〇〇年前にサンガタミッタ王女がインドから『ぼだい樹』の分け木をもってこられたように、今、窪田先生が仏様の文字の梵字を日本からもってきて下さったことはとってもすばらしいことです。

安定しない国情の中でこのような事業をして下さることはスリランカの人々に、明るい希望の光を灯して下さいます。これはまさに菩薩のお心です。ここ二カ月ほどスリランカは大雨が降り続いております。その中で先生たちがいらして下さった一週間だけよいお天気で、各地をご案内出来ほっといたしております。会員の皆様の温かいご支援のおかげです。感謝しております。

梵字仏文化センターが立派に出来るように頑張りますので宜しくお願いします。有難うございました」（梵字スリランカ文化財団代表　サンガ・ラタナ・テーロ）。

そして一九九六年十二月二十四日、当地で地鎮祭が修されました。その日は、アショカ王の王女サンガミッタ尼が、お釈迦様が悟りを開かれたインドのブッダガヤの菩提樹の分け木をスリランカに持たらした日に当たります。その時植樹された聖菩提樹の分け木は、いま高く伸び青々と生い繁っています。

「その二三〇〇年後の同じ日に、日本の窪田成円女史が仏様の文字の梵字をこの建立予定地に埋めたことは不思議なご縁です」と、スリランカ政府の要人から挨拶がありました。

建立地での地鎮祭（1996年）

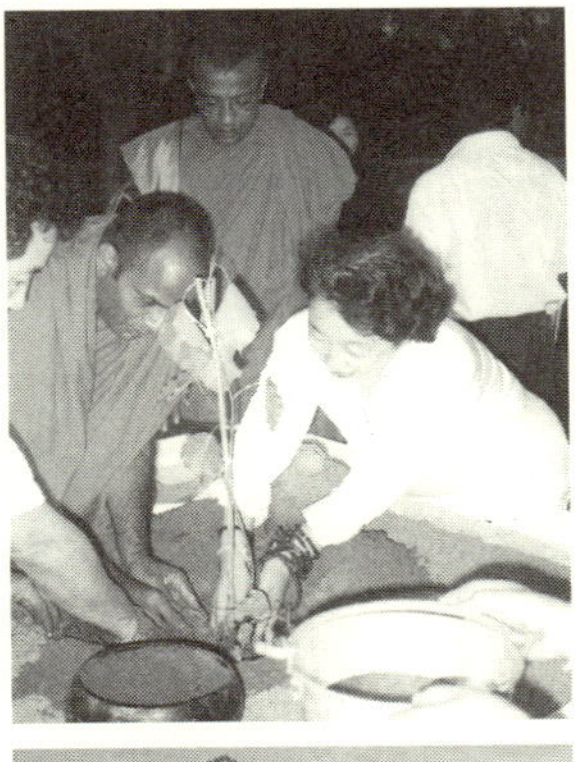

一九九七年菩提樹の植樹

二〇〇二年大きくなった菩提樹

この日はクリスマスイブで、世界中のキリスト教者が祈りを捧げるように、私どももミヒンタレー山頂に登り、梵字仏文化センターが順調に完成するように祈念したのでした。

建立によって平和が訪れる

このセンター建立までの七年間は、スリランカの内戦の時期と重なり、苦難に満ちたものでした。

スリランカでは一九八二年以来、ゲリラ組織「タミールイーラム解放のトラ」と政府軍との内戦が続き、犠牲者は六万五千人を超えると言われてきました。当センターの建立を決意した時もその内戦の最中でした。

初めてスリランカを訪れ、バンダラナイケ前大統領（世界初の女性大統領で、現大統領の母）に面会したときも、その三〇分前に六〇人乗りの政府軍機が撃墜されていたのでした。大統領はそのことを少しもおくびに出さず、感謝と励ましのお言葉を下さいましたが、後でそのことを知り驚きました。

更に私共が休憩していたホテルでも帰国後、爆弾テロが発生して大変な犠牲者が出るなど内戦は激化し、コロンボ市さらにまたキャンディ市の最も聖なる仏歯寺にまで、テロの恐怖が及んでいきました。

この事業の継続は厳しく、その建立計画そのものの再検討も考慮されましたが、当センターの敷地として国有地まで提供して頂いており、後へ退くことも出来ない状況で、前途の多難さを痛感しつつも、「センター建立によりスリランカに平和をもたらして欲しい」と地元ミヒンタレーの仏舎利塔とお釈迦様に祈願いたしました。そして建立のための現地法人と、日本での建立基金の浄財を勧進するための財団（梵字スリランカ文化財団日本事務局）を設立し、建立の第一歩を踏み出しましたが、実際は基金を勧進することは容易なことではありませんでした。瓦供養や身代わり仏像の勧進にてご協力頂きました。

国際梵字仏文化センターの建設計画や各施設の設計は、一級建築士の朝倉康之氏と長崎大学名誉教授小森清司先生をはじめ、梵字に縁ある方々に依頼しましたが、ボランティアで協力して下さいました。また、現地での建設事業はサンガ・ラタナ師が直接監督して行われました。

建設工事自体も難事業で、提供された国有地の整地作業から開始され、資材、人材のほと

バンダラナイケ前大統領と面会する筆者

んどすべてを現地で調達し、七年間の精進努力の末、小額の予算で大きな成果を挙げることが出来ました。

しかし、これは日本の皆様の資金面での協力、そして役員の皆様（劔持脩卿様、小森清司様、海老原幸夫様、楠勝様）の絶大なるご協力があってこそのことです。この紙面をお借りして心から感謝申し上げます。

昔からスリランカでは王様が国の平和を願って仏舎利塔を建立した

二〇〇〇（平成十二）年六月、当センターの中核施設である梵字納仏・平和仏舎利塔が完成し、その完成式典が催されることになりました。仏舎利塔の建立はお釈迦様に対する最高の功徳で、スリランカでは最も偉大な事業とされ、その完成式典は最も盛大に挙行するものとされています。

しかし、当時はスリランカはテロが多発し外務省から戒厳令が出るほどでした。日本人が行くことは命がけでした。スリランカに行くことは非常に困難で躊躇しておりました。するとスリランカ側から「このような時だからこそ、梵字納仏・平和仏舎利塔をオープンすべきですので、スリランカ側だけでも完成式典はいたしたいと思います」とセンター管長サンガ・ラタナ師に促され、日本側からも五名が参加することになりました。しかし、イスルムニア管長様より「なぜ五名しかこないのか。死ぬ時はどこでも一緒なのに」と言われ、一同驚いてしまいました。

偶然にも梵字納仏・平和仏舎利塔の完成式典が挙行された夜からスリランカ政府軍に外国からの莫大な資金援助があり、形勢が逆転し、さらにゲリラ側の大物が日本で逮捕されるなどして、頻発していた爆弾テロは奇跡的に急速に終息していきました。

昔からスリランカでは、国王が国の平和と国民の幸せを願って仏舎利塔を建立したといわれていますが、梵字納仏・平和仏舎利塔を中核とする国際梵字仏文化センターが建立されたことに、深い意義があると多くの人々から賞賛を得ました。

ここで、梵字納仏・平和仏舎利塔の完成式典に関する貴重なレポートが残されていますので、少し長く一部重複しますがご紹介します。

「スリランカ国の平和と人々の幸せを祈る梵字納仏・平和仏舎利塔の完成式典のご報告
――梵字の祈りにより数々の御縁が生まれ無事成満」

1. 梵字納仏・平和仏舎利塔の完成式典出席の経緯

すでに皆様には御案内のように本年二〇〇〇年六月十五日、この国際梵字仏文化センターの中核である梵字納仏平和仏舎利塔の完成式典（Unveiling Ceremony of the Pinnacle of Bonji Peace Cheitya）が開催されることとなり、日本からもその出席を予定し、それに併せてスリランカ聖地参拝ツアーを企画いたしておりました。ところがスリランカ北部で戦闘が本格化し、爆弾テロが多発するに及んで、皆様には大変御迷惑をおかけいたしましたが、スリランカ聖地参拝ツアーは中止し、さらに、式典の参加そのものが危うくなりました。

窪田成円代表監事はそのお立場もあり、出席には非常に慎重でありましたが、Ｂ・サンガ・ラタナ師より「こんな時だからこそ名前のごとく梵字を納仏し、平和を祈る平和仏舎利塔をオープンすべきだと思います。」との強い希望があり、また、劔持監事より「梵字納仏・平和仏舎利塔のオープン式典に参列し、梵字を納仏しお祈りをしてこなければ、今までの先生の苦労が実らない」との叱咤激励があり、さらに梵字大家・故大森禅戒大僧正、三井奝円先生他の窪田代表監事の御先祖さまに墓参りをし、意を決して、日本から窪田成円代表監事、劔持監事他三名にて出席することとなったのでした。

2．式典前日のセンターの様子…純白の平和仏舎利塔が美しく輝いて

センターのあるミヒンタレー市は紀元前二四七年にアショーカ王の息子マヒンダ長老が世界で最初に仏教を伝えた場所であり、スリランカ仏教の発祥の聖地です。ここ数日は、

その仏教伝来を祝う「ポソン」のお祭りでミヒンタレーには何十万という信者が国中から集まり、内戦などどこ吹く風とお祭り気分でにぎわっておりました。

そんな中、久しぶりに訪れた国際梵字仏文化センターには、日本の旗・スリランカの旗、仏教国の旗が飾られ、周りに見事な彫刻がほどこされた高さ十一メートルの純白の釣鐘型の仏舎利塔が大変美しくそびえていました。一方、準備は最後の追いこみに入っており、職人達は山門の屋根に瓦をのせたり、会場テントの設営など、また管理棟では講座生の梵字作品を日本人と一緒に飾ったり、セレモニーの準備に追われていました。平和仏舎利塔の中では二人の青年が一生懸命床に蓮の華を描いておりました。上を見上げると高さ八メートル位の天井には、梵字の仏様が見事に描かれており、思わず、感嘆の声をあげました。わずか数週間でこのように見事な梵字を描いた青年達の顔は正に仏顔でした。この平和仏舎利塔を作って下さった皆様に心から感謝の念がこみ上げてきました。

菩提樹も三メートル位にのびのびと育っていました。二三〇〇年前サンガミッタ尼がインドから持って来た分け木がスリマハボディで今も育ち　その苗木を頂いて一九九七年にセンターに植えたものです。なおこの菩提樹とセンターとの縁は深く、はじめて地鎮祭を催した日（一九九六年十二月二十四日）はサンガミッタ尼がインドからスリランカへ菩提樹を持ってこられた十二月の満月の日という偶然です。菩提樹のサーマチェイティア（献華台）も大変綺麗に出来上がっていました。

3．ピリットセレモニー……基金をお寄せ下さった日本の皆様に感謝の祈りを捧げる

梵字納仏・平和仏舎利塔の完成式典に先だって、その前夜（六月十四日）より、平和仏舎利塔の完成を祝う祈りのピリットセレモニーが行われました。ペラヘラの踊りと太鼓・ラッパの熱い吹奏が捧げられ、それに続いて厳粛な祈りが始まりました。管理棟内に設営された内陣に僧侶が車座になって端座し、仏舎利に祈りを捧げ、その仏舎利からピリット（糸）が放たれ、参拝していた人々の手に繋がれていきました。スリランカ僧侶二十数名により、翌朝まで、朗々とした読経、祈りが続けられました。深夜にもかかわらず、大勢の現地の人々がこの祈りの場に参加しました。またここで、日本で基金をお寄せ下さった皆様のお名前を心をこめておよびし、お祈りいたしました。蓮の花のお香が漂う、南国のまさに南伝仏教の長い長い祈りでした。

なお、この祈りに寄せてスリランカ全国民が一緒に祈りたいとの、スリランカ政府側の希望からその模様はラジオで一晩中生中継される予定でしたが、爆弾テロの標的とされる危険もあり中止とさせて頂きました。

4．世界唯一の梵字納仏・平和仏舎利塔の完成除幕式典……梵語、梵字の光明を放つ

一夜あけ、式典は真青な空の下、明るい南国の日差しの中で、盛大に挙行されました。ペラヘラの踊り太鼓とラッパを先頭に少女達による音楽隊の行進により開会されました。それに続いて式典のクライマックスである平和仏舎利塔の尖塔の除幕（Unveiling）が僧侶の読経、日本側代表のサンスクリット語による般若心経の読経ののち行われました。尖塔を蔽う真っ白な布は見事にきって落とされました。そして、僧侶をはじめとする参列者が平和仏舎利塔内部に入堂し、灯火台に点火し、堂内の梵字仏、釈迦像に祈りが捧げられました。この平和仏舎利塔は正式には「梵字納仏・平和仏舎利塔」と称し、世界で唯一、梵字を納仏することができるようになっております。そしてその名称にふさわしく内部には「宇宙を象徴した梵字法マンダラ」が描かれ（ドーム天井に転法輪《てんぽうりん》、その周りに十八の梵天様を配し、その下に九曜星の梵字さらにその下に八方天の梵字が描かれ、色彩は梵字文字は朱色、その台座は黄色、梵字の背景は宇宙を想定して紺色に仕上げ、床は蓮華を配している）、非常に美しい梵字仏に満たされています。仏舎利の放つバイブレーションと、梵字仏の放つバイブレーションがこの御堂に満たされているのです。

5．完成式典の挨拶……世界の平和と仏教文化の興隆を願う

除幕式の後、梵字・スリランカ文化財団会長B・サンガ・ラタナ・テーロ師、スリランカ政府代表ヴァチ・プレーマラール大臣（大統領に次ぐ要人）、日本側代表窪田成円代表監事、スリランカ国・国務大臣、スリランカ高僧マータレ・アマワンサ師、劔持膏卿監事他の方々が挨拶をしました（挨拶内容、後記掲載）。特に日本側代表窪田成円監事は「梵字納仏・平和仏舎利塔建立の趣旨はアジアの文化のルーツである祈りの言葉の梵語、祈りの文字の梵字を通じて世界の平和を願い、仏教文化の興隆とスリランカ国の平和及びミヒンタレー市の繁栄を願うことである」と挨拶され、また言霊・字霊の力の素晴らしさを強調され、世界平和によせて『神への賛歌』を美しいソプラノで歌われました。その後、仏舎利尊の歌、梵語による世界平和の祈りの歌が会場の全員で唱和されました。『言葉は直接には通じなくとも歌は直接に心に語ることができる。祈りの言葉を音楽に乗せて伝えることは本当に素晴らしいことです』（海老原顧問談）。

これらの模様はスリランカ国営放送はじめ、各局で放映され、日本でも後記のように、NHK『おはよう日本』で紹介されました。なお、ミヒンタレー寺管長の御配慮によって、バス二台を連ねシンガポールの六十名のミヒンタレー寺参拝団の方々がこのセレモニーに参列して下さいました。このことは本当に最高の喜びでした。それはこの梵字仏文化センターの建立目標を「二十一世紀における仏教文化の高揚を願いこのセンターに世界の仏教徒が集い仏教文化交流と国際親善を図ることです」と話されましたが、その世界の仏教徒が集い仏教文化交流と国際親善を図る目標がこの式典の中で、突如実現されたことを意味するからです。本当にお釈迦様のおはからいに他ならないと思いました。

偶然にも六月十五日の式典の日は、日本に梵字を招来された弘法大師様のお誕生日でもありました。そして今度はその日本から梵字納仏・平和仏舎利塔が仏教伝承の地スリランカに贈られたわけです。六月十七日に仏歯寺管長様を表敬訪問した折、梵字納仏用紙に世界平和の祈りを書写して頂きましたが、これによってスリランカ国から世界中に梵語と梵字を通して新しい仏教文化がめばえるように思われました。

B・サンガ・ラタナ・テーロ師挨拶——日本の皆様に感謝

今日はとても嬉しい日です。梵字納仏・平和仏舎利塔が完成し、そのセレモニーに日本からいらして下さった窪田先生はじめ日本の皆様に心から感謝します。スリランカのお坊さんをはじめ、スリランカの政府そして地元の人々はとても喜んでいます。これは大きな功徳だと思います。これまでに苦しいことも沢山ありました。しかし窪田先生はじめ日本の皆様の御努力によって、また寄付して下さった日本の皆様のお陰でミヒンタレーに梵字納仏・平和仏舎利塔ができたことはとても素晴らしいことです。本当にありがとうございました。

窪田成円代表挨拶――建立事業に御協力下さった皆様に心から感謝申上げます。

「古代インドで生まれた祈りの文字の梵字によって世界の平和とスリランカ国の平和を祈る梵字納仏・平和仏舎利塔が由緒あるミヒンタレーにこのたび完成し　二〇〇〇年のポソンのお祭りにオープン出来ましたことは大変意義深いものを感じます。ここにお釈迦様への感謝と二十一世紀の仏教文化興隆とスリランカ国の平和を願って、基金を寄せて下さった日本の皆様からスリランカ（梵字・スリランカ文化財団）にこの梵字納仏・平和仏舎利塔を贈呈します」

「恩師の三井奝円先生は、宇宙の真理を象徴するこの梵語・梵字によってあらゆる宗教を超越し、世界の人々と手をつなぎ梵字マンダラの世界による平和を願われておりました。その遺志をついで私はこの梵字仏文化センターの建立を発足した次第です。多くの人々がこの仏舎利塔に梵語と梵字による平和の祈りを捧げてくれることにより、お釈迦様の光がこの地から放たれ、明るい平和社会が築かれることを願ってやみません」「この平和仏舎利塔建立に基金をお寄せ下さった日本の皆様に心から感謝申上げます」

マータレ・アマワンサ高僧の挨拶

「二三〇〇年前インドを統一したアショーカ王は、戦乱のインドを仏教によって平和にすることを考えました。この梵字仏文化センターの建立により世界平和と仏教興隆を願われた窪田成円先生とそれに協力して下さった日本の皆様はアショーカ王の親戚ではないかと思います。アショーカ王が二十一世紀に望まれる事をしているのです」

NHKテレビ「おはよう日本」より

「内戦が続くスリランカに日本からの寄付金で平和を祈る仏舎利塔が建てられ、完成式典が開かれました。この仏舎利塔は仏教の聖地とされるスリランカ中部の町ミヒンタレーに日本の交流団体が集めた寄付金を使って建設中の仏教文化センター(注・正式には梵字仏文化センター)の敷地内に建てられました。高さ九メートル(注・実際は十一メートル)ドーム型の仏舎利塔の前で一昨日開かれた完成式典にはスリランカ政府関係者や寄付金を集めた日本人たちが出席しました。スリランカでは北部を中心に分離独立を求める少数派のタミール人の武装勢力と政府軍の戦闘が続き、爆弾テロ事件も相次いで起きるなど戦乱が続いていますが、式典に出席した人達は仏舎利塔に花を手向け、手を合わせスリランカの平和を祈っておりました」

また、いつも私の側でご協力頂いております桜井芳江様はご一緒出来ませんでしたが、私が歌った「神の讃歌と平和への祈りの歌声」のテープが式典で流れたことについて、「梵字を通して世界平和を祈る女神様の役目を担われておられるお姿が、私の目に浮かんでまいりました」と、有り難くも賞讃して下さいました。そして悉曇梵字の平和の祈りにより、二十一世紀の平安を心から願われていました。

(2) 国際梵字仏文化センター建立――スリランカへの恩返し

ところで、このセンターの建立は、期せずしてサンフランシスコ講和条約発効五十周年、さらに日本とスリランカの国交五十周年に当たる年に完成しました。

実はスリランカは戦後日本の復興にとって最大の〈恩人〉国なのです。というのは、第二次世界大戦の戦後処理において、日本は敗戦国として当然のことのように、東西ドイツのごとく分断国家になること、それも三分割されることが予定されていたのです。このような状況にあって、戦勝国側のスリランカの代表だった当時のジャヤワルデネ蔵相(のち大統領)は日本分割に強く反対し、統一国家として存続させることを主張しました。その時に、お釈迦様の有名な言葉(法句経)を引用されたのです。

「実にこの世においては、怨みに報いるに怨みを以てしたならば、ついに怨みの息むことがない。怨みをすててこそ息《や》む。これは永遠の真理である」
大統領は、講和会議出席各国代表に向かって日本に対する寛容と愛情を説き、日本に対してスリランカ国（当時セイロン）は賠償請求を放棄することを宣言されました。さらに「アジアの将来にとって、完全に独立した自由な日本が必要である」と強調して一部の国々の主張した日本分割案に真っ向から反対し、これを退けられたのです。

　敗戦後の日本国民は、この演説に大いに励まされ勇気づけられ、今日の平和と繁栄に連なる戦後復興の第一歩を踏み出したのです。

　このようなスリランカに、戦後経済大国として発展した日本人の一人として私は、その恩返しを何らかの形でいたしたいと思っておりました。この国際梵字仏文化センターはスリランカへの恩返しの一部分にすぎませんが、サンフランシスコ講和条約発効から五十周年に当たる年に完成したこと、しかも当時、スリランカ政府は新しく政権を取得したジャヤワルデネ元大統領派によって組閣されたというのですから、このような偶然はお釈迦様のお導きというほかないように思います。

ジャヤワルデネ
元大統領

　梵字仏平和仏舎利塔は世界で唯一の梵字を納仏することが出来るようになっており、中にはお祈りや瞑想が出来るように造りました。内部の天井には宇宙を象徴した梵字マンダラが描かれております。

また、寄進を頂きました皆様のお名前をプレートに謹製し瓦供養とさせて頂きました。毎朝、スリランカ僧と地元の人々が平和の祈りを捧げております。

国際梵字仏文化センターが完成し、平和となったスリランカでの盛大な完成式典

梵字仏仏舎利塔が建立され、完成が近づくと、不思議なことにスリランカでもアフガニスタンに次いで十八年間の内戦から抜け出そうとしていました。少数民族のタミル人を基盤とする武装勢力は一方的に停戦を宣言し、スリランカ政府もこれを受け入れて停戦に入りました。

双方はノルウエーの仲介で正式に停戦合意する見通しとなりました。かつてインド洋の真珠と呼ばれていたのが、長い間、涙で明け暮れ、六万人を超える犠牲者を出しました。

このようにスリランカに平和が戻りつつあるころ、国際梵字仏文化センターがスリランカと日本の努力により七年の歳月を経て竣工完成に至り、二〇〇二年九月十四日・十五日に世界平和を祈る完成式典が盛大に開催されました。

平和仏舎利塔の完成式典のころとは異なり、スリランカに平和が戻りつつあり、日本からも約四十名が式典に参加しました。当日はニューヨークの国際貿易センタービルとワシ

ントンでの同時多発テロ事件のほぼ一周年に当たり、世界中の人々が平和への祈りを念じる時節でした。そこで、この国際梵字仏文化センター完成式典は、「世界平和を祈る」ことを中心とした、「世界平和祈りの祭典」と銘打って催されました。

式典には、スリランカ政府やミヒンタレー市、ミヒンタレー寺院・仏歯寺・スリマハボディ寺はじめ著名な寺院の多くの僧侶が参加協力され、その模様は国営放送、テレビ、ラジオにより深夜まで実況放送されました。ミヒンタレーは民家の少ない所ですが、遠方から大勢の人々がトラックやトラクターに三十名ぐらいずつ相乗りして参集し、結局延べ六〇〇〇名の人々が集まり、大セレモニーとなりました。

九月十四日の完成式典は、仏歯寺についで最も権威ある寺院であるスリマハボディ寺管長様ご臨席の下に始まりました。まず私どもによる日本式の般若心経の読誦等と、サンスクリット語による般若心経読誦、神の讃歌の詠唱後、スリランカ僧による落慶を祈るピリットセレモニーが明け方まで夜通し行われました。その模様は国営ラジオ放送により、実況中継されました。また、その夜から朝にかけ日本側から五〇〇〇人分のカレー弁当が支給されました。

翌十五日は、スリランカ首相代理等の政府要人、ミヒンタレー市長などの祝辞、日本の代表団を先導する旗の行進、少年少女の鼓笛隊、ペラヘラの踊りによる入場パレードに始

平和仏舎利塔に仏舎利尊を奉安する
窪田代表監事

仏舎利塔内部でお祈りを捧げる
スリランカ僧と地元の人々

梵字納仏平和仏舎利塔。完成された仏
舎利塔に大勢の人が参拝する

ラジャリパクサ大統領
から感謝状を授与され
る窪田代表

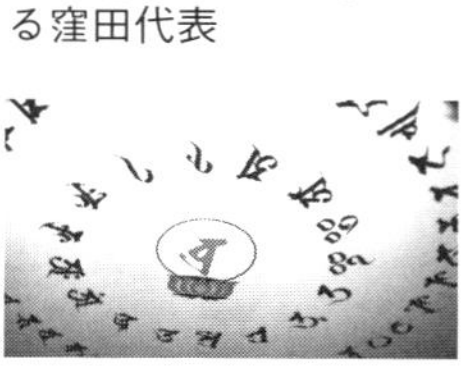

記念館の天井画

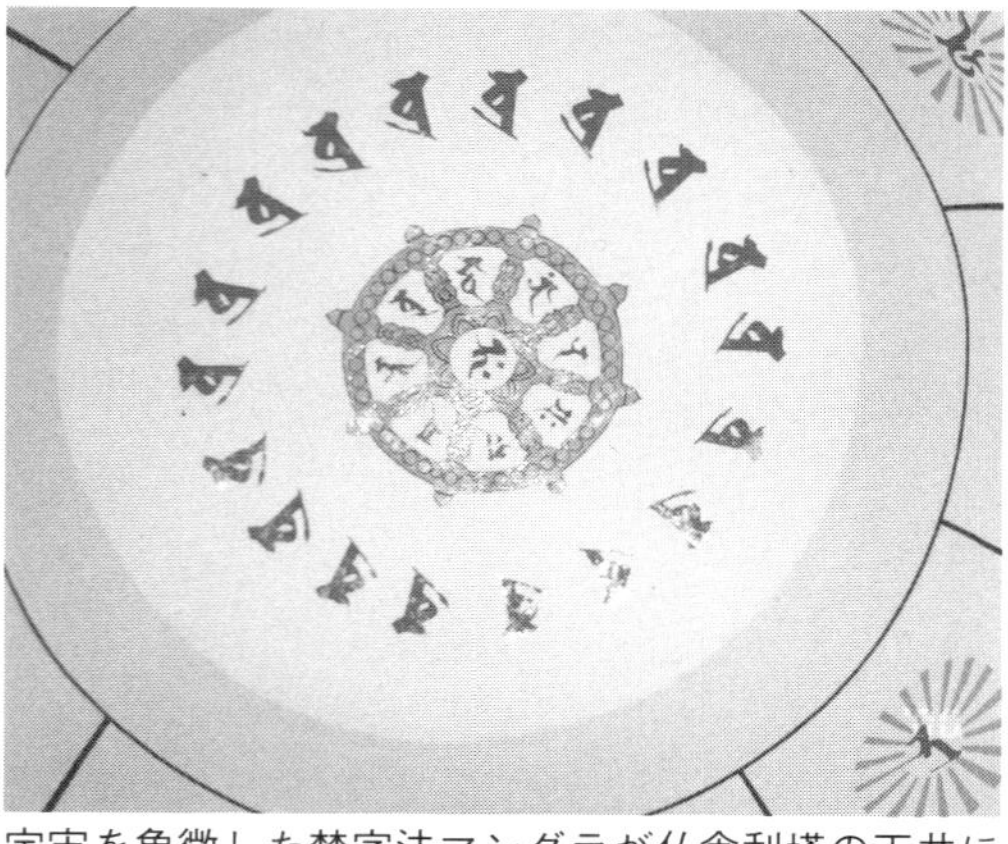

宇宙を象徴した梵字法マンダラが仏舎利塔の天井に
描かれている

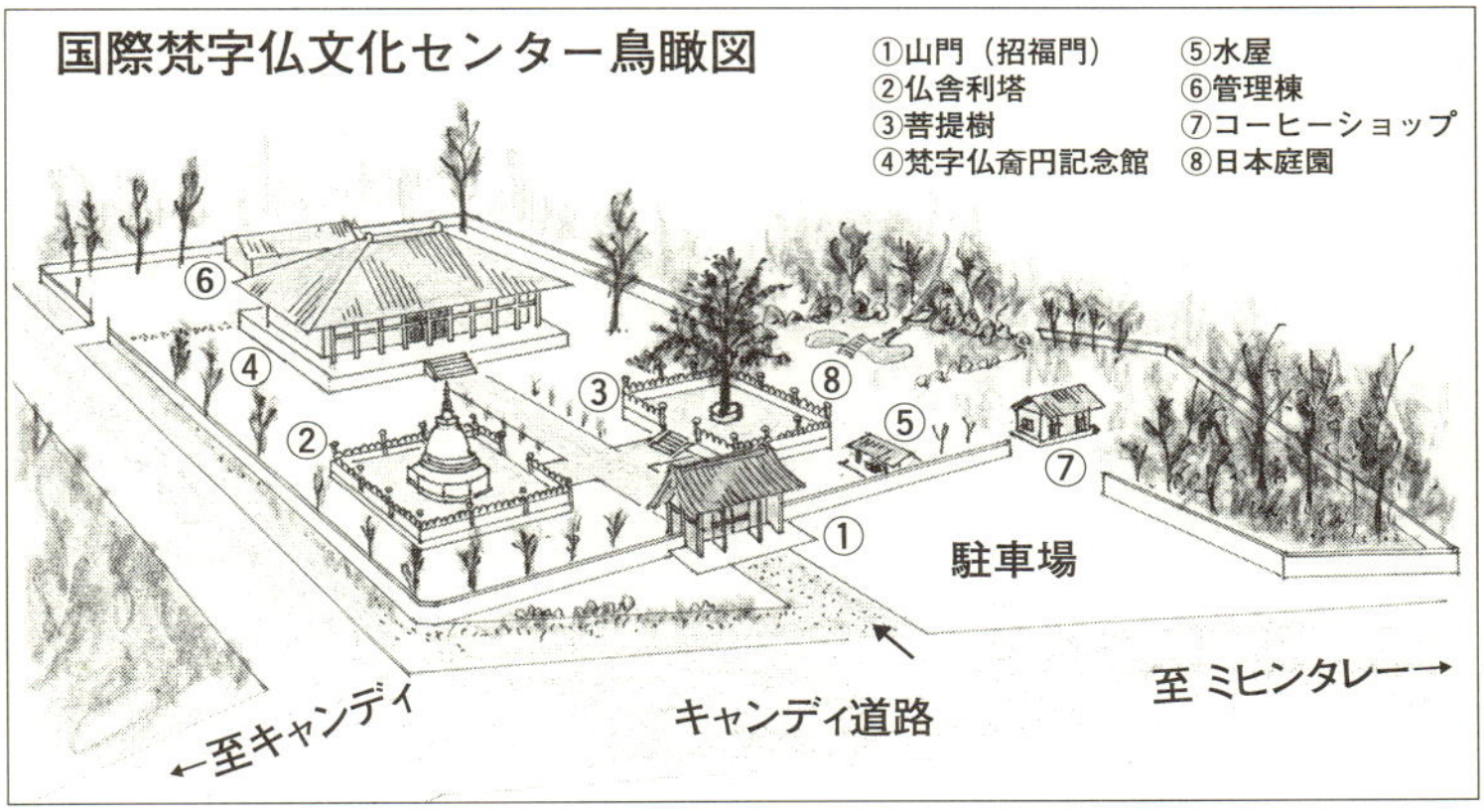

梵字仏裔円記念館

ホールに集う地元の人々

盛大な完成式典ペラヘラ踊り（山門）

まり、国際梵字仏文化センター建立の碑文の除幕、日本・スリランカの国旗・仏旗掲揚、梵字仏記念館開館のテープカットと続きました。

式典では、スリランカ首相代理、中部地区開発大臣、ミヒンタレー市長、著名寺院の高僧、国際梵字仏文化センター管長のサンガ・ラタナ師の挨拶があり、日本側からも私の挨拶をはじめ、日本スリランカ友好議員連盟会長・野呂田芳成衆議院議員のメッセージが代読され、駐スリランカ日本大使、スリランカ政府観光局、日本スリランカ友好協会のメッセージが紹介されました。さらに、現地小学生一一〇名に文房具の授与が行われました。

駐スリランカ大使の大塚清一郎様からのメッセージは次のようなものでした。

「国際梵字仏文化センター完成を心よりお祝い申し上げるとともに、関係者の皆様の多大なご努力に敬意を表したいと存じます。また、今後同センターが我が国とスリランカの友好親善に

「世界平和祈りの梵字まんだら」の歌と舞踊（左右とも）

益々の進展のために役立っていくことを心より祈念致します」

世界平和の祈りの祭典・シャンティ（平和）の歌と踊りの奉納

さらにスリランカの若者によって新たに振付けされた、歌と踊りにより世界平和が祈念されました。さらにその後もスリランカ市民によって多くの舞踏が奉納され、最後に花火が打ち上げられ、盛大なうちに終了しました。この模様は翌日の現地のテレビニュースでも放映されました。

梵語・梵字による平和の発信により多くの奇跡が生まれつつある当センター

奇しくもセンター完成式典の翌日、スリランカ内戦の当事者、北部勢力の「タミールイーラム解放のトラ」とスリランカ政府とが、タイ国で直接和平交渉を持ちました。これは本当に奇跡的なことです。この背景にはスリランカの政権交代があります。前年十二月より、ジャヤワルデネ元大統領の属していた政党が政権をとっていたことは前にのべました。アメリカでの同時多発テロ以来、戦闘資金が滞っていたこともあり、政権交代を機に「解放のトラ」は一方的に停戦を宣言し、ここに和平への糸口が見出されたのでした。

それにしても、ジャヤワルデネ元大統領派が政権を取り、そして和平が実現していくと

生活改革

スリランカに「恩返しを」

国際梵字仏文化センター建立

今年、日本とスリランカの国交樹立五十周年を記念して両国間で多くの行事が行われている。先月には仏教伝来の聖地ミヒンタレー市に、国際梵字仏協会会長の窪田成円さんら日本人の寄進で「国際梵字仏文化センター」が七年の歳月を費やして完成し、盛大な式典が行われた。同時開催の「国際梵字仏平和祈念展」を終え帰国した窪田さんに、センター建立のいきさつなどを聞いた。（赤岡東）

国際梵字仏文化センターの完成式典のため記念館前に集まった人々＝スリランカ・ミヒンタレー市

建立に寄与した窪田成円さん(左)と協力者のサンガラタナ・テーロ師(中央)

窪田さんは、インドではすでに消滅してしまった古代インドの梵語と、美しい書体に再現した梵字の普及活動を三十年近く国内外で続けている。

国際梵字仏文化センターの建立は、梵字を学びに来日したスリランカ僧でピック大学教授のサンガラタナ・テーロ師から切望され、さらに同国から国有地二千四百坪の提供もあって始まった。しかし多額の建立費用の負担や、スリランカ国内の内戦の不安もあった。窪田さんは梵字仏の書やマンダラなどの作品展を開き、募金を呼びかけ、必死で運動したという。

日本人女性らが寄進

でもなぜ、こんな大事業に踏み切ったのか。

「スリランカは日本の大恩人だからです」という。敗戦国となった日本は昭和二十六年、サンフランシスコ講和会議でドイツのように東西分断国家になるところを、当事戦勝国側のジャワルデネ代表（前スリランカ大統領）がただ一人「怨みに報いるに怨みを以ってしたならば、ついに怨みのやむことはない。怨みを捨ててこそ…」と釈迦の言葉を引用し、各国代表に説いて回り、スリランカ（当時セイロン）は賠償請求を放棄することを宣言した。

「日本が今日、独立した平和国家でいられるのはスリランカのおかげ。センター建立はそのご恩返しの一つです」

完成した同センターは日本建築の山門と、法隆寺の伽藍形式を取り入れた典雅な記念館、白亜の梵字納仏・平和仏舎利塔、礼拝所などが含まれ、美しさに満ちている。

大役を果たした窪田さんは「折しも十八年にも及ぶスリランカの内戦が停戦になりました。センターが、世界平和祈念の場として市民の心のより所になればと願っています」と話している。

産経新聞
平成14年(2002)日刊21543号
10|24［木］
産業経済新聞(サンケイ)
THE SANKEI SHIMBUN
発行所 ©産業経済新聞東京本社2002
〒100-8077東京都千代田区大手町1-7-2
☎東京(03)3231-7111(大代表)

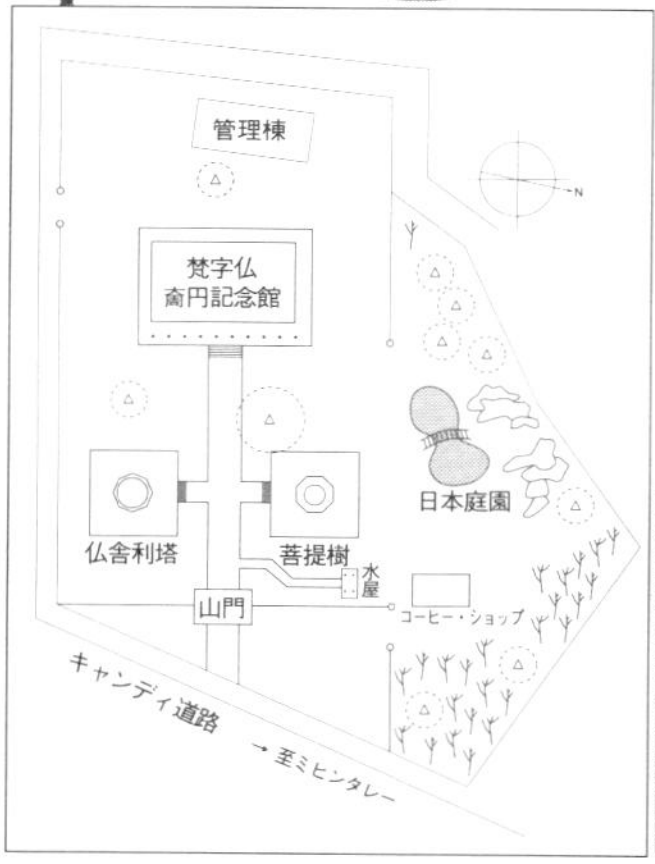

国際梵字仏文化センター配置図　2002年10月24日サンケイ新聞掲載記事

いうことに不思議なご縁を感じざるを得ません。また梵字仏が世界平和の祈りの文字として偉大なご加護が頂けるものではないかと、深く信じるにいたりました。

スリランカの平和を祈りながらこの七年間、センター建立のためにすべてを犠牲にして精進してまいりましたが、結果的に当センターの完成とともにスリランカに和平がもたらされました。「世界各地でテロや戦争に人々がおびえている今、スリランカが多くの困難を克服して平和を取り戻しつつあることは大変喜ばしい」と報じられました。

偶然かもしれませんが、完成式典にいらして下さった方が「あなたの思いが通じたのですね」と涙を流して喜んで下さいました。これは私どもにとって生涯最高の喜びです。当センターでは、現在、ジャヤワルデネ元大統領の引用した言葉「実にこの世においては……」をパーリ語で「梵字納仏・平和仏舎利塔」から発信しています。

世界平和のシンボルとして、世界の言語に影響を及ぼした梵語とアジアの源泉資料の文字である梵字は世界の人々の心に通じ合います。昔から言霊・字霊といって正しい心で祈ることにより、よい波動を世に送ることができると言われています。まさに梵語・梵字の世界が展開します。

この国際梵字仏文化センターから毎日、恒常的に梵字仏による平和の祈りが世界に発信されることを願ってやみません。お釈迦様への報恩謝徳としてのこの聖地ミヒンタレーに世界の人々が集い、梵字と仏教文化興隆親善による世界平和を記念したいと思っております。さらにスリランカの新たな観光名所として、多くの皆様がご参集くださり、梵字を納仏し平和の祈りを捧げていただければ、以て瞑すべしです。

なお、当センターの活動に対してミヒンタレー市より市民栄誉賞を拝受いたしました。これはこの事業にご協力いただいた皆様の代表として私が頂いたものです。

国際梵字仏文化センターのその後の活動から――

二〇〇五年六月二十日、ミヒンタレー市「ポソンの祭典」でスマトラ島沖地震津波災害による犠牲者慰霊法要とラジャパクサ新大統領が御来臨

二〇〇四年十二月二十六日に発生したスマトラ島沖地震による津波は、スリランカ、インドネシア、タイ等に深刻な災害をもたらしました。島国であるスリランカでは、その海岸線にある町や村では死者が三万人、家を失った方は三十万人といわれています。

「……上座部仏教の伝承を祝うスリランカ最大の行事ポソンの祭典に際し、当センターでスマトラ沖地震津波災害の被災者慰霊のための法要を催しました。スリランカ僧三十名、地元の人々二〇〇〇名、そして日本から私ども十数名が参加し、犠牲者への慰霊供養と平

和への祈願をしてまいりました。その一時間後には、スリランカ国ラジャパクサ新大統領が当センターにご来臨下さいました。十一月に大統領選挙を控え大変お忙しい中を、お立ち寄り下さいまして大変光栄に思いました。『日本の人たちがスリランカへいらしてプージャ(法要)をして下さいまして、ありがとうございました。日本からはたくさんの義援金を国に援助して頂きまして、感謝いたしてます。このセンターから両国の文化交流親善を図り、一層発展することを願っています』とのお言葉を頂きました……」

梵字仏文化センターにて盛大な結婚式が挙行される

「二〇〇四年、当センターの開設二年目を迎えて企画された日本からのツアーに参加された田村ご夫妻から、国際梵字仏文化センターで結婚式を挙げることを希望され、初めて梵字記念館において盛大な結婚式が挙行されました。当地アヌラーダプラ市の警察長官が大変喜んで、スリランカ国中部地区

日本の田村さんご夫婦が初めてセンターで結婚式を挙行する

犠牲者が多く出たコロンボ海岸に梵字仏を海に流して供養する

全体でこの結婚式を応援してくださるということになりました。結婚式は先ずパレードでセンターに入り、梵字納仏・平和仏舎利塔の前で一同お祈りすることから始まりました。この仏舎利塔は土地浄霊法要や、屋敷浄霊法要によって三度も清められており、本当に美しい仏舎利塔です。この梵字納仏・平和仏舎利塔を見るたびに、浄財を寄せて下さった日本の皆様への感謝の気持ちが沸いてまいります。結婚式は現地スタッフがすべて用意してくれましたが、キャンディ王朝の王様と王女様の衣装をまとい、壮麗に行われました。祭司はブラフマン即ち梵天様です。梵字は梵天様が創生されたといわれております。梵字仏記念館での結婚式にこれ以上ない適役でした」

合唱コーラスやペラヘラの踊りなど盛大な儀式で、集まった二〇〇名くらいの人たちに食事をふるまい、ミヒンタレーはじまって以来の結婚式となりました。

センターの催し企画内容

日本語が流暢な館長がご案内いたしますので、日本からのお客様にも安心してご利用いただけます。スリランカさらに日本の一人でも多くの方々に当センターを活用して頂

ラジャパクサ新大統領ご来館。梵字作品を贈呈するサンガ・ラタナ師と著者

きたいと思いまして、左記のようにいろいろな催しを企画しています。

一、上座部仏教研修と瞑想の森・梵字まんだらの瞑想の研修。
二、梵字納仏供養とピリットセレモニー。
三、仏教法話と講演。
四、星占いによる人生相談。
五、地元の人々との文化交流。
六、留学生の斡旋・援助。
七、簡易宿泊の提供。
八、結婚式場の提供。
九、歓迎パーティ・食事・喫茶。
十、仏歯寺・スリハマボディ寺などの著名寺院のご案内。

仏教徒海外奨学金への御尽力

二〇〇四年八月、仏教徒海外奨学金理事長の新井慧名誉先生ご一行三十名が文化センターに来訪され、盛大な歓迎式典が催されました。スリランカの子供たちに奨学基金を授与されました。新井先生が直接に授与され、大変意義深いものを感じました。

仏教徒海外奨学基金理事長・新井慧誉先生の訃報を聞く

二〇〇七（平成十九）年一月九日に新井慧誉先生が突然ご逝去なされたと伺いまして大変驚きました。私どもの活動にとても理解があった新井先生が旅立たれてしまったことのショックは計り知れないものがあります。

日曜学校の子供たちにパンを支給する

現在、国際梵字仏文化センターの日曜学校には、日曜日には各地の子供たちが約三〇〇人ほど通ってきます。ミヒンタレー市は仕事がなく貧しい家庭の子どもが多いので、子供たちは朝食抜きで熱い中を一時間もかけてセンターにやって来ます。

幼児クラスはお釈迦様のお話を聞いたり、小学生はジータカの本を読み、中学生はパーリー語によるお経を読んだりしています。お昼には終わりますが、みんなお腹

梵字仏センターにて日曜学校の子どもたちの給食の様子

をすかせて遠い道程を歩いて帰ります。サンガ・ラタナ師はカレーパンを一つずつ食べさせてあげたいと思いましたが予算がありません。

そこで「日本の皆様の温かいご支援をお願いしたい」とのメッセージがラタナ師からありました。二〇〇四年度より日本の有志の方々のご協力によって月三万円程送ることが出来るようになりました。寄付して下さった日本の方々には子供たちが描いた絵を送って来ました。

スリランカ国内のセンターではこのような活動をすることは珍しいことです。

なお、スリランカではしばらく停戦状態が続いていましたが、最近、日本の新聞にスリランカ戦闘激化という報道が出ており皆さん大変心配されておりますが、サンガ・ラタナ師によりますと、「主にスリランカの基地が攻撃されていて、現地の人々はテロに慣れてしまってあまり心配していないようです。しかし、平和を祈る国際梵字仏センターでは毎日朝夕平和の祈りを捧げています。日本の皆様も平和を祈って下さい」ということでした。

スリランカの人々に平和な日が訪れるようにお祈りを続けていきたいと思います。

(九) インド・サンスクリット大学での名誉文学博士号授賞式

「世界平和の祈りの梵字マンダラ」作品を発表

二〇〇一(平成十三)年三月、インド・サンスクリット大学のラマランジャン・ムケルジ学長、ならびにタゴール国際大学に長年籍を置かれた我妻和男教授(のちに麗沢大学で教鞭をとられます)が、お二方のお奨めがありまして、私どもの国際梵字仏協会の梵字マンダラ作品がインドへ招聘されました。

我妻先生たちのご熱意に動かされて、カルカッタの皆さまに梵字マンダラ展を観て頂く機会が出来き、私どもも大変感激いたしました。我妻先生は開催に向けて温かい推薦のメッセージを寄せて下さいました。

「国際梵字仏協会の窪田成円さんは、その悉曇梵字に新しい生命を与え、活性化するために長年精進し、この文字の伝統的な価値を認めながら、今日の時代にふさわしい精神性と芸術性を与えて、その象徴的な意義を世界に伝えようとして成果を挙げてこられました。それはシッダンタマートリカーの故郷インドであります。具体的には梵字作品展や梵字仏平和マンダラ展であり、スリランカに造立した梵字納仏平和仏舎利塔です。国内においても国際梵字仏協会会長として、三石造形藝術院を主宰して、梵字・梵字仏教育と普及にあたっておられます。

……二〇〇一年三月十三、十四日、インドのサンスクリット大学並びに国際舞台芸術協会が窪田さんの高邁な趣旨に賛同され、共同主催で『国際梵字平和祈念展』が開催されることになりました。……カルカッタの一流芸術家、平和愛好者、ジャーナリスト、サンスクリット語学者たちがこの展覧会を鶴首しています。

……窪田さんは全世界に通じるヒューマニズムの立場から、また世界平和を真に願う気持ちからこの企画をおこなっておられます。二十一世紀における全人類の友愛と平和を実現するために、皆様にも是非ご参加されますようおすすめします」（我妻和男（筑波大学名誉教授・元タゴール大学国際大学客員教授・日印タゴール協会事務局長））。

ヒンダスタン・タイムズ紙にカラーページで紹介される

二〇〇一年三月、コルカタ（カルカッタ）市において「国際梵字平和祈念展」が開催され、これまた大反響を得ました。その時の模様がヒンダスタン・タイムズ紙（Hindustan Times）に大きく報じられました。以下にその紹介記事を掲載します。

「HT特派員　三月十三日コルカタ発

サンスクリット書体の一分枝である悉曇は、平均的インド人の念頭から長い間忘却されていた。長らく記憶から抹消されていたこの書体が、数世紀に亙る忘却の淵から、平和のメッセージを広く伝えるために、今日ここに蘇った。

この盛挙は、窪田成円女史率いる国際梵字平和祈念使節団一行の無私の努力により初めて可能になった。窪田女史は、国際舞台芸術研究所、バラト言語研究所、スリスリ・シタラムダス・オームカルナート・サンスクリット大学との共催により、当地で国際梵字平和祈念展を開催した。

悉曇は紀元五～六世紀カシミールとインド北部地方で広く使われていた文字であるが、普遍的な隣人愛のメッセージを伝えようとした仏教僧侶（玄奘）の手で、中国大陸を経由し、日本において大事に温存されてきたのである。

窪田女史は、過去三十年に亙る古代書体の秘密に迫る不屈の調査研究活動の努力に対して、三月十二日月曜日、名誉博士号を授与された。

著名なタゴール学者、我妻和男博士により、〈インド文化のルネッサンス活動の一翼をなす〉と賞讃された悉曇書体も十二世紀頃までに、デーヴァナーガリー書体に統一されるに至った。

Reviving forgotten script to spread peace

Joen Kubota at an international exhibition of Siddhamatrika calligraphic art, Praying for World Peace

HT Correspondent
Kolkata, March 13

SIDDHAMATRIKA, AN offshoot of Sanskrit, has for long remained obscure from the mind of an average Indian. The script, long obliterated from memory, resurfaced after centuries here today to propagate the message of world peace.

This has been possible due to the selfless effort of International Siddhamatrika Calligraphic Art Peace Prayer Troupe under the aegis of Joen Kubota, who is here in Kolkata, playing host to an international exhibition of Siddhamatrika calligraphic art, Praying for World Peace, organised in collaboration with the International Institute of Performing Arts (IIPA), Bharatiya Bhasa Parishad and Sri Sitaramdas Omkarnath Samskrita Siksha Samsad.

Siddhamatrika, widely used in Kashmir and other parts of North India in 8th century A.D. found faithful followers in a group of Buddhist monks who carried forward the message of universal brotherhood to far away Japan criss-crossing the rugged terrains of China.

Far away from its homeland India, where the script laid blissfully forgotten due to lack of preservation, Siddhamatrika was being nurtured in Japan.

Joen Kubota, who was conferred the Degree of Doctor of Literature (Honoris Causa) on Monday, has been tirelessly carrying on research work to unravel the mysteries of the ancient script for the last 40 years.

Hailed by the noted Tagore scholar Prof. Kazuo Azuma as a part of the "renaissance of Indian Culture", Siddhamatrika script style was incorporated in Devanagari script around 12th century.

"Letters and Buddhist mandala in Siddhamatrika have been preserved and respected in Japan, believed to be the symbols of truth in the universe. It is an effective method to reach a state of peace and happiness for us to draw Siddhamatrika calligraphy and to practice meditation over those letters. We can even get an insight into the real meaning of life in the universe through these conducts," observed Kubota.

Condemning the "barbaric attacks" on the Bamiyan statues in Afghanistan, Kubota said, "Within my limited resources I am trying to put this offensive matter to an end. If people turn away from the path of violence and bloodshed and spend time on researching on the Siddhamatrika script, the world would be a much better place to live in. Each letter of the script is a manifestation of the Buddhist doctrine of peace and brotherhood. This message needs to be spread across the other parts of the world too for a bright tomorrow".

ヒンダスタン・タイムズ紙（翻訳文）

平和広宣流布のため忘却の淵にあった書体を復活

忘れ去られた書体（悉曇梵字）平和流布のため蘇える

HT特派員・3月13日カルカッタ発

サンスクリット書体の一分枝である悉曇は、平均的インド人の念頭から長い間忘却されていた。長らく記憶から抹消されていたこの書体が数世紀に亙る忘却の淵から、平和のメッセージを広く伝えるために今日ここに蘇った。

この盛挙は、窪田成円女史率いる国際梵字平和祈念使節団一行の無私の努力によりはじめて可能になった。窪田女史は、国際舞台芸術研究所、バラト言語研究所、スリスリ・シタラムダス・オムカルナート・サンスクリット大学との共催により、当地で国際梵字平和祈念展を開催した。

悉曇は紀元5，6世紀カシミールとインド北部地方で広く使われていた文字であるが、普遍的な隣人愛のメッセージを伝えようとした仏教僧侶（玄奘）の手で、中国大陸を経由し、遠く日本にまで伝えられ、この度、熱心な信奉者を見出した。

保存の配慮が欠けていたために故国インドで完全に忘れ去られていた悉曇は、日本において大事に温存されてきたのである。

窪田成円女史は、過去30年に亙る古代書体の秘密に迫る不屈の調査研究活動の努力に対して、3月12日月曜日、名誉博士号を授与された。

著名なタゴール学者我妻和男博士により、「インド文化のルネッサンス活動の一翼をなす」と賞賛された悉曇書体も12世紀頃までに、デーヴァナーガリー書体に統一されるに至った。

日本では悉曇の文字や曼荼羅は今日に至るまで大事に保存され、尊重されてきており、宇宙的真理の象徴として信奉されている。窪田女史によれば、悉曇梵字の書写は、平和と幸福の状態に到達する極めて効果的方法であって、この方法により宇宙における人生の本当の意味を悟ることが出来る。

アフガニスタンのバーミヤンの石窟にたいする野蛮な攻撃に関連して、窪田女史は

「暴力と流血の道から人々が離れて、悉曇の研究などに精進するようなれば、世界はもっと住みよいところになるでしょう。悉曇の一字一字が平和と友愛の仏教の教えを表現しており、輝かしい明日のために、『世界平和・祈りの梵字マンダラ』のメッセージを全世界に伝え、多くの人々に祈って欲しい」と語った。

ヒンダスタン・タイムズ紙（Hindustan Times）に掲載された記事と翻訳文

日本では悉曇の文字や曼荼羅は今日に至るまで大事に保存され、尊重されてきており、宇宙的真理の象徴として信奉されている。窪田女史によれば、悉曇文字の書写は、平和と幸福の状態に到達する極めて効果的方法であって、この方法により宇宙における人生の本当の意味を悟ることができる。

アフガニスタンのバーミヤンの石窟に対する野蛮な攻撃に関連して、窪田女史は次のように語った。

〈暴力と流血の道から人々が離れて、悉曇の研究などに精進するようになれば、世界はもっと住みよいところになるでしょう。悉曇の一字一字が平和と友愛の仏教の教えを表現しており、輝かしい明日のために、『世界平和・祈りの梵字マンダラ』のメッセージを全世界に伝え、多くの人々に祈ってほしい〉

インド・サンスクリット大学での名誉文学博士号授与

このような好意的な記事で飾っていただいた上に、大学からは名誉文学博士号を頂けるなど夢にも思わなかったので、まことに晴れがましいことです。

サンスクリット・シャクシャーサンサード学長のラマランジャン氏からお手紙を頂いたとき、私は大変驚きました。

〈御招待状〉

「窪田成円先生。敬愛すべき令夫人。貴女が二〇〇一年三月に来印なされ、インドの興味を覚えられるいくつかの場所を訪問なさるおつもりでいらっしゃることを知り喜びに堪えません。貴女の御日程の中に、インドの文化的中心であるコルカタ御訪問が含まれていることは喜ばしいことです。貴女の梵字書道芸術への素晴らしい貢献を評価し、また地球規模に広くサンスクリット学のメッセージを普及してくださったことに対して、尊敬すべき貴女を含めて、貴女方の訪問団の立派な方々を歓迎レセプションにお招きすることが出来、慶賀に堪えません。このレセプションの際に、貴女が芸術の分野、特に書道の分野において、また同時に梵字（シッダンタマートリカー）普及のために、そして世界平和のメッセージと全人類の融和を実現するためにこれまで果たして来られ、また今も果たしておられる御貢責に対して名誉文学博士号をお贈りしたいと存じます。

サンスクリット大学学長より名誉文学博士号を授与される著者

カルカッタの国際舞台芸術協会が共同主催者としてカルカッタ芸術アカデミーで貴女の書道芸術展を計画していることは喜ばしいことです。
もし前もって準備することができるように、御訪印の御日程をお知らせ下さり、貴女ご自身並びに御立派な御一行の方々が歓迎会に御出席頂ければ幸甚です。敬具
二〇〇〇年九月三日
ラマランジャン・ムケルジ」（翻訳・我妻絅子先生）

悉曇梵字を通して世界平和を祈るミセス成円さん

コルカタ市内ジャドヴプル大学講堂で三月十二日授与式が行われました。その時のラマランジャン・ムケルジ博士の演説を掲げます。

「国際梵字仏協会の窪田成円会長にスリスリ・シタラムダス・オームカルナート・サンスクリット大学を代表し、学長たる私は女史の梵字芸術への多大な貢献を認めて、マハマホパディヤーイの称号（名誉文学博士号）を授与します。

国際梵字仏協会会長窪田成円女史は、仏教、インド文化、ならびに悉曇梵字のさまざまな様式について深い学識を有しておられます。仏教の偉大な碩学であった故三井奝円氏の真摯な学徒として窪田成円女史は、長らく仏教の学術文化に多大の貢献をされてきたので

あります。

悉曇芸術を通じて世界平和を達成しようとする女史の熱意は実に驚くべきものであり、女史の世界的平和、地球的友好、普遍的寛容と人道的感性という資質は全世界の賞讃を博しております。特にこうした世界的平和、地球的友好、普遍的寛容と人道的感性といった資質が隅の方に押しのけられようとしている今日の状況下において、窪田成円女史の如き有識者の試みは広く認知、尊重されなければなりません。

窪田成円女史が今日まで悉曇芸術を通じて世界平和を達成しようとされてきた偉大な貢献に鑑み、さらにまた悉曇文献への深い学識に鑑みて、スリスリ・シタラムダス・オームカルナート・サンスクリット大学は女史に対して、マハマホパディヤーイを授与することに決定いたしました。

それで窪田成円さん、この称号をお受け頂けますか。

スリスリ・シタラムダス・オームカルナート・サンスクリット大学の学長として、当局から与えられた権限に基づき、私は窪田成円女史に女史のこれまでの世界平和と仏教研究に対する偉大な貢献を認めて、マハマホパディヤーイを授与いたします」

くり返して申しますと、私どもの活動の根本を考えればまことに晴れがましいことですが、私は裔円宗師の事績と思想を継承してきたに過ぎないにせよ、師の思想を世界に発信するためにも、この栄誉をありがたくお受けすることにしました。

来日されたサンスクリット大学学長のラマランジャン博士と我妻教授（右）と、梵字による平和への祈りを捧げる

学識豊かなラマランジャン博士

ラマランジャン・ムケルジ(Ramaramjan Mukherjee)博士について、皆さんに知っていただかなければなりませんので略歴を記してみます。

博士は、一九二八年に西ベンガル州シウリ市に生まれました。十二支でいえば私と一回り違いということになります。カルカッタ（コルカタ）大学に学び、文学修士・哲学博士の学位を、ジョドプル大学で文学博士号を取得されました。

ジョドプル大学サンスクリット学科講師、準教授、教授を経て、一九七〇年以来十六年間、ボルドワン大学およびロビンドロ・バロティ大学副学長を務められました。

一九九二年以降、国立トゥリパティ・サンスクリット大学院大学学長を経て、スリスリ・シタラムダス・オームカルナート・サンスクリット大学学長となられました。インドでは一般に学長は学者以外の人がなり、実質的には副学長が日本でいう学長に当たります。上記の大学副学長として十六年間在任中、全インド副学長会議の議長を務められました。現在は学者でありながら例外的に学長の任にあります。

専門はサンスクリット語、特にサンスクリット語修辞学を究められています。サンスクリット語によるインド哲学に造詣が深く、サンスクリット語による教育、講演もこれらの研究に基づいて行われています。インド国内の学会でも議長をしばしば務め、国際サンスクリット会議にも招待されることが度々です。

著書には『詩的経験分析』『古代インドに於ける文学批評』などサンスクリット語関係の名著や『ベンガル語碑文集成』など他にたくさんあります。

インド大使館での国際梵字仏平和祈念展

二〇〇一年十一月十三日から一週間、東京都千代田区にあるインド大使館で国際梵字仏協会主催による「国際梵字平和祈念展」が開催されました。大反響を博したインドでの祈念展をぜひ日本でも開催し、日本の人たちにももっと梵字を知ってもらいたいという強い願いが今回の開催実現へとつながったのでした。

会場では、梵字作品の他、インド大使館職員、在日アフガニスタン医師、ニューヨーク市民など多くの外国人の人々に、「世界平和を祈る」という意味の言葉を自国の文字で色紙に書いて頂き、展示しました。その反響ぶりに、国や言葉が違っても平和を祈る心は世界共通であると改めて実感しました。

展覧会を見学されるインド大使（2001年11月）

また、毎日午前と午後の二回、私の講演とともに梵文（サンスクリット語）による般若心経が唱和され、サンスクリット語による「世界平和マンダラの歌」を来場者と一緒に合唱し、世界平和への祈りを捧げました。
展覧会の様子は、毎日新聞、中外日報などの新聞でも取り上げられ、特に初日十三日には、ＮＨＫが取材し、夜の首都圏ニュースで紹介されました。映像を通して私は、「戦争によって混乱しているこの世の中で、世界平和を祈るということは、私どもはもちろん、みんなが切望していることです。この展覧会を皆さんに見て頂いて、平和の祈りを捧げて頂きたいと思います」と、梵字を通した平和への思いを訴えました。

心の平安を希求する人々の心に私の思いが届いたのでしょうか、開催期間を通して訪れた約一〇〇〇人の来場者のうちのほぼ半数が、夜のNHK首都圏ニュースで放映された展覧会の様子を観て来た人たちでした。

「テレビを観て来ました。梵字の形の美しさに興味がありました」「梵字は知っていましたが、こんなに深い意味があるとは知りませんでした。なんか、とても神秘的な感じがする……」

アフガニスタンからタリバンが撤退する

昨年三月、インドでの祈念展での開催初日、世界遺産にも指定されているアフガニスタン・バーミヤンの仏教遺跡の大仏像が、イスラム原理主義勢力タリバンによって破壊されたニュースが世界中に報道されました。このとき多くの来賓の方々からこの祈念展は、平和を希求する上で、大変意義深いものがあると称賛を頂いています。

そして、今回、インド大使館での国際梵字仏平和祈念展の開催初日、タリバンの占領下にあったアフガニスタンの首都・カブールからタリバン軍が撤退したニュースが報道されました。この不思議なめぐり合わせ。祈りの文字である梵字により世界平和を希求することは、本当に意義深いことと実感させる出来事でした。

インド・パキスタン梵字平和祈念展とワールドカップ・サッカー平和マンダラ発表会

二〇〇二年六月一日、東京品川のきゅりあんにて、インド有数の国立大学、サンスクリット大学学長であられ、またインド国立大学学長会議で議長を務められているラマランジャン・ムケルジ博士ご夫妻をお迎えして「インド・パキスタン梵字平和祈念とワールドカップ・サッカー梵字平和祈念会」を開催しました。

当時、インドとパキスタンとの間で再びカシミールを巡って戦争が激化し、両政府は互いに核の使用も辞さないとの強行姿勢を見せており、核戦争の脅威が現実のものとなっております。

そして、講演当日はアメリカ、イギリスが在留インド国民に退去の勧告を出したとのニュースも伝わり、緊迫した状況になっておりました。このような折、ラマランジャン・ムケルジ博士ご夫妻が、当会にて、世界平和とインドの叡智ないしインドの思想、サンスクリット語、シッタン梵字（シッタンマートリカー）による世界平和の実現についてご講演をされました。そして博士自ら『世界平和・祈りの梵字マンダラ』に向けて、サンスクリット語による般若心経を読誦され、世界平和、ワールドカップ成功を祈念されました。このことは世界平和を祈る当会にとって、また日本国民にとって極めて重要な意義があるものと感じられました。

そして五十名の参会者が平和の祈りの梵字を書写し、博士と一緒に梵語の般若心経を読誦し、平和を祈念いたしました。最後に参会者全員で、『世界平和・祈りの梵字マンダラ』の歌をサンスクリット語にて合唱し、盛会のうちに散会いたしました。

またサッカーボールの中に勝利の女神の摩利支天様を書いてサッカーの勝利と世界の平和を祈念しました。

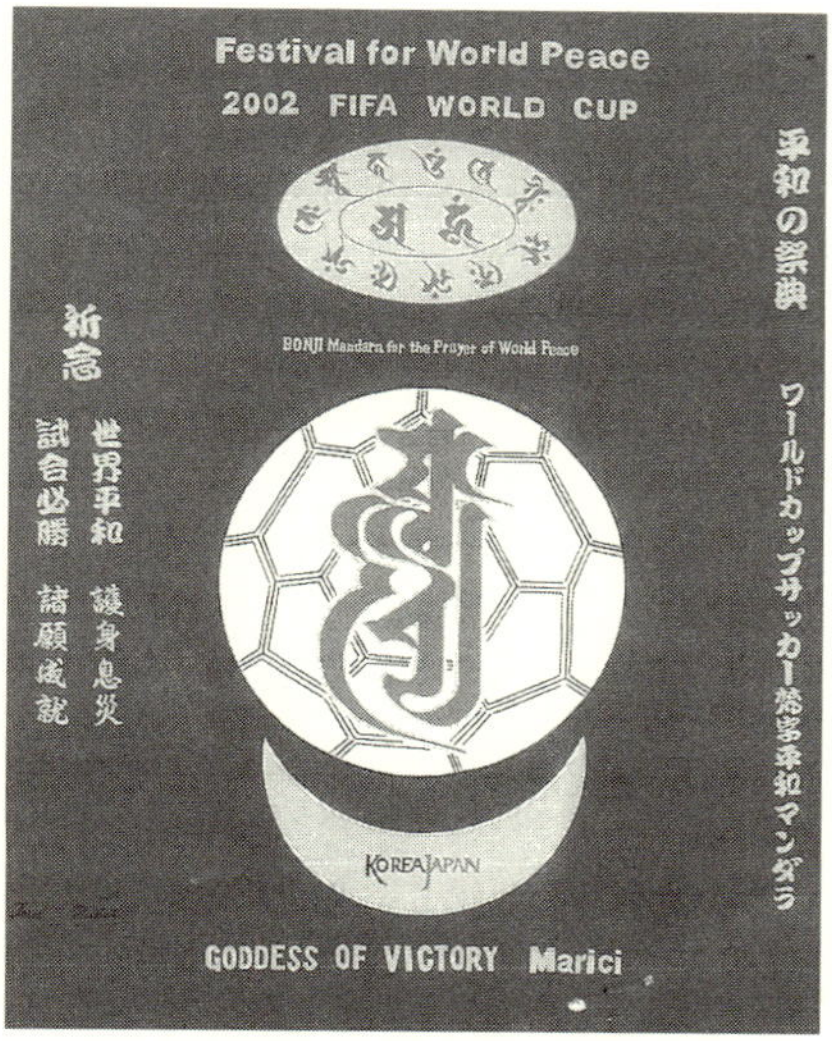

ワールドカップサッカー平和祈念マンダラ

ワールドカップで日本は善戦しベスト16に進み、そして印パ間のカシミール戦争もアメリのカ仲裁等により、話し合いが少しずつ進展していきつつあります。

インドのバジパイ首相にメッセージを託す

この祈念会の終了後、私はバジパイ首相へ感謝をこめて次のようなメッセージをお送りしました。

〈私どもは古代インドの文字であるブラフミー文字（シッタンマートリー型文字）の梵字を通して世界平和を祈る講座をＮＨＫ学園、朝日カルチャー、国際梵字仏協会などで催しているものでございます。

昨年インドの文化都市コルカタ市において国際梵字仏平和祈念展を催させて頂きましたところ、お蔭さまで大好評を得て、当会の梵字が高く評価されました。またシッタン梵字の啓蒙活動を三十年間継続してまいりましたことと、このたび制作した『世界平和祈りの梵字マンダラ』の作品に対しスリスリ・シタラムダス・オームカルナート・サンスクリット大学より名誉文学博士号を授与されましたことは、誠に光栄の至りです。

その梵語・梵字を学ぶことによって五〇〇〇年の歴史のあるインドの文化が日本の文化及び世界の文化に多大な影響を与えられています。精神修養として素晴らしいものがあると確信しております。

このたびサンスクリット大学学長のラマランジャン博士が来日され当会にて講演をして頂き、その折に梵語・梵字を通して世界の平和を祈る会を催しました。

最近インドではカシミール紛争が激しくなり、日本の人々も大変心配しております。特にシッタン梵字がカシミール地方で使用されていたこともあり他人事とは思えません。仏教によりインド国を統一したアショカ王は「**非暴力は最高の法なり**」という言葉を碑文に梵字で書かれております。昔はパキスタン、アフガニスタン、ネパールも同じインド国であったことはこれらの残された碑文でもわかります。

同じ元インド国の人々がお互いに手を取り合って平和を祈って下さることを日本の人々は心から願っております。本日「世界平和へ祈りのメッセージ」の作品をラマランジャン博士にご持参して頂きますので、このマンダラをご覧の上平和への祈りを捧げて頂ければ誠に光栄でございます。一日も早くインド国に平和が訪れますよう念じます。合掌〉（窪田成円筆）。

その後、二〇〇五年にインドとパキスタンの和平交渉が成立しました。今インドはＩＴ関連の事業が発展し、経済的にもとても豊かになりました。

（十）ブッシュ大統領への書簡

世界を震撼させた同時多発テロ

この地球上には、悲しむべき紛争と無惨な災害が絶えません。旧ユーゴスラビアのクロアチア人とセルビア人の民族戦争は、昨日の友を敵として殺し合う悲惨な状態を生じさせ、パレスチナ紛争はいつ果てるともなく続いており、旧ソ連南部のチェチェンをはじめとする国々はロシアに対して擾乱の火薬庫と化したかのような様相を呈しています。

また、北朝鮮の理不尽な日本人拉致問題は、うやむやのまま全面的な解決にまだ至っておりません。そんな状態の中で、私たちは二十一世紀を迎えました。

二〇〇一年九月十一日、ニューヨーク国際貿易センターのツイン・タワービルおよびワシントンのペンタゴンに対し、民間旅客機を乗っ取ってのアルカイダによる無差別テロが勃発しました。ツイン・タワーは前後して崩れ落ち、三〇〇〇名に及ぶ多国籍の人々が命を落としました。

建国以来、外国からの本土攻撃を一度も経験していないアメリカ国民はパニックに陥り、世界の人々はテレビのニュースで信じがたい光景を目にしました。それはあたかも現代文明の崩壊を見るかのような趣さえ感じさせました。

あのような光景を目にすると、人の命はいよいよ軽いものとなり、言葉は粗雑な論理に走り、あらぬ正義が踊り出し、心までも無機質状態に閉じてしまって対話不能となってゆきます。自爆テロからは何も生まれません。そのような行為からアメリカ人が連想するのは、太平洋戦争開始の真珠湾（パールハーバー）奇襲攻撃と戦争末期の日本軍の玉砕戦法であるようです。私たちの国は拭い切れない禍根を残しているのです。

アフガニスタン攻撃、イラクへ戦争始まる

同時多発テロのショックはさめやらず、アメリカはアルカイダの本拠地をアフガニスタンと特定し、直ちに攻撃の準備にかかりました。そして、この年の十一月、タリバン政権を排除しました。憎しみの連鎖はさらに拡がり、次いで二〇〇三（平成十五）年三月、悪の枢軸国と名指してイラクのフセイン政権に攻撃を始めました。

イラク戦争はすでに四年を過ぎようとしていますが、その間フセイン政権は崩壊し、移行国民議会選挙が行われましたが、憎しみが憎しみを呼んで、いたるところ自爆テロはあとを絶ちません。ＭＯＡＢ（超大型爆弾）やＪＤＡＭ（精密誘導爆弾）という最新兵器を以てしても戦闘終息の気配が不透明のままです。約十年前の湾岸戦争で使用された劣化ウラン弾の後遺症が消えないというのに、今回も一般市民、ことに女性や子どもの嘆く姿はとても正視に耐えません。

今必要なのは東洋の叡智である

アメリカ、イスラム、ヨーロッパの価値観が錯綜する中で、日本はアメリカの「正義」

に引きずられて派兵に踏み出したのですが、出すべきは東洋の智慧ではないでしょうか。ここに今一度思い出さねばならない言葉は、第二次世界大戦後セイロン（現スリランカ）のジャヤワルデネ大統領が引用された「法句経」です。「実にこの世においては、怨みに報いるに怨みを以てしたならば、ついに怨みの息むことがない。怨みをすててこそ息む」とはまことに永遠の真理であります。たしかに怨みの連鎖は果てしがありません。平和への浄いマンダラの輪こそ人類に必要ではないでしょうか。

また、仏教では輪廻転生が言われますが、「法句経」によれば人として生まれる機会は稀ゆえに、人として生まれたからには智慧と慈悲と勇気を以ておのが生命をも大切にしなければならないとされています。しかし、たとえ一〇〇歳の寿命を得たとしても、無上の教えに会わなければ、この教えに会った人の一日の生にも及ばない、とも述べられています。

さらに、「戦場にあって、数千の敵に勝つよりも、自己に勝つものこそ最上の戦士である」とあります。「法句経」は最も平易にして深遠な真理を顕しているのです。

梵字マンダラで平和を願う

私たちはイラクの惨状を黙視できず、元愛知県立大学教授ジョー・レイルズバック氏と相談の上、星条旗をモチーフに梵字マンダラを制作し、ブッシュ大統領宛に書簡を添えて送る決心をしました。
そのことを朝日、毎日両新聞も報じて下さいましたが、山梨日日新聞・二〇〇四年九月二十二日付をここに再掲載いたします。

「梵字仏協会会長の窪田成円さん＝甲斐市竜王新町＝と、愛知県立大教授のジョー・レイルズバックさんの二人は、星条旗をモチーフにして制作した梵字マンダラ作品に、世界平和を願うメッセージを添えて、米国・ブッシュ大統領に送る準備を進めていました。

梵字は、古代インドの仏教経典などに使われたサンスクリット語（梵語）を表す文字。

＊

窪田さんは昨春、星条旗の絵に平和を願うメッセージを梵字で記して作品に仕立て、都内の展覧会で発表した。『ちょうどイラク戦争が始まったころで、平和を祈りながら、作成した』と振り返る。

米国出身のレイルズバックさんは、アイオワ大でサンスクリット語を勉強し、二十年前に来日してからは『趣味で梵字の本を読んだり書写をしていた』。

窪田さんの梵字の著作を読んだのがきっかけで約二年前から交流が始まり、今回の大統領へのメッセージ送付を思いついたという。

二人は、梵語でナーマンは日本語で『名前』、英語で『ネーム』に当たるなど梵語が変化したと思われるものが多いとして、『梵語は世界の言語の源ともいえる言葉」と指摘。窪田さんは『世界の平和を訴える上で、これほど適した言語はない』と言う。ブッシュ大統領へは、窪田さんの作品をカード化したものに『非暴力は最高の法なり』という平和を祈るメッセージを添え、二十八日に送る予定だ」

非暴力は最高の法なり

ちなみに「非暴力は最高の法なり」という言葉の根拠をインドの歴史に探ってみたいと思います。この言葉が生まれた頃のインドは、有名なアショカ王が治めていて黄金の時代といわれ、平和な時代だったそうです。今回の旅行でインドのアショカ王が偉大な存在であることを改めて認識させられました。

アショカ王は武力により紀元前二世紀、南インドを除くインドを統一し、その後、仏教に帰依して教えを広めた王様です。

古代から連綿として現在まで続いているインド唯一の仏教教団、ベンガル仏教教会を訪問し親善交流を行ってまいりましたが、その折りに昨年出版されたアショカ王生誕二三〇〇年記念の本を頂きました。同書に描かれているアショカ王の尊厳のあるお顔を拝して感動いたしました。

梵字が刻まれているアショカ王の碑文

国家の紋章である獅子の石柱

カルカッタ（コルカタ）の博物館では、アショカ王が作られたという国家の紋章となっているアショカ王の柱頭にあたる有名な四頭の獅子なども拝観いたしましたが、石柱にはサンスクリット語で「ahīmsa pāramodhārmah＝非暴力は最高の法なり」と刻まれています。

紀元前二世紀ころの南インドを除くインド、パキスタン、ネパール、そして現在、戦乱の様を呈しているアフガニスタンからも、アショカ王の梵字で刻まれた碑文が発掘されているようです。

当時のアフガニスタンは緑豊かな平和な国で、仏教が盛んであったようです。仏教によって前インドを統一したアショカ王の時代は、インドの歴史の中で最高の平和な時代だったと言われております。

アショカ王の息子のマヒンダ長老がスリランカのミヒンタレーに仏教を伝え、以来、南伝仏教がアジア全体に広まったのもこのころです。

そのミヒンタレーに二十一世紀の仏教文化の繁栄をを願って、梵字仏にご縁のある方々によって梵字仏文化センターが建立されましたが、そのことに思いをいたすと、誠に不思議なご縁を感じます。

平和への願いが受け入れられるかどうか、それは分かりませんが、熱意だけは何としても伝えなければなりません。英文はレイルズバック先生にお願いしたのは言うまでもありませんが、メッセージの内容そのものは次の通りです。

親愛なるブッシュ大統領閣下

〈世界のリーダーであり世界の牽引者であられる閣下、そして唯一、本当に世界を平和に導くことのできる閣下に、お願いいたしたく、お便り申し上げます。

私は日本で、インドの古代言語（サンスクリット語）と古代文字（ブラフミー文字、シッタンマトリーカ形文字）の研究と普及活動をし、同時に、これらの言語文字によって世界平和の実現を祈るものでございます。この古代のインドの言語は人類に共通のルーツとしての言語であり、五〇〇〇年の歴史があります。例えばサンスクリット語のＮＡ‐ＭＥは英語のＮＡＭＥであり日本語のＮＡＭＡＥと共通しております。また、この古代文字は祈りの象徴文字、日本では十一世紀より大切に保持継承されてまいりました。その文字

（梵字）によるマンダラは高い芸術性を有し、それへの祈りは平和への奇跡を導くものとして、日本をはじめ世界各国でこの文字（梵字）によって表現されたマンダラの展覧会『国際梵字平和祈念展』を開催してまいりました。そしてこの展覧会を開催しますと、不思議と平和が実現するという体験をしてまいりました。

たとえば、スリランカにおいて、この梵字の展覧会を開催した折には、スリランカ政府とタミールイーラム開放のトラとの和平交渉が開始され（二〇〇〇年九月）、またインドで開催の折は、タリバンによるバーミヤン巨大石仏の破壊が始まり（二〇〇一年三月）、そして日本のインド大使館での開催の折は、貴国のご努力によってそのタリバンからカブールが開放されました（二〇〇一年十一月）。さらに日本ではサンスクリット大学学長のご臨席のもと開催された折には、バジパイ首相へのメッセージを託しましたが、その後のインド・パキスタンのカシミール紛争が収束に向かいました（二〇〇二年六月）。

イラク戦争の開戦からはや一年半が経過しましたが、今もって平和は訪れず、またパレスチナ、チェチェン等でも戦火やテロは止まず、世界中が暴力におびえております。この現状を打開し、世界に平和をもたらす知恵と勇気を有するものはブッシュ大統領閣下を除いては他におられません。

古代インドにおいて戦火にまみれたインドを統一し、インド世界を平和に導いた一人の偉大な王がおりました。紀元前三世紀のアショカ王でございます。王は戦争によって多くの人々を殺害しましたが、最後に平和な国家としてインドを統一しました。そのときの王が最後に実践した思想は『非暴力は最高の法なり』でした。暴力や武力によって世界は統一できない、非暴力によってこそ平和国家が実現できる、そして世界平和が実現できると、真理を悟られたのです。

人類の調和は精神性の柔和な絆を通してのみ成り立ち、多くの人々の力によって作られるものでございます。ここに世界のリーダーであられる閣下のお力によって、寛容と調和を基調とし全世界が兄弟であるという古代インドの思想文化を全世界に広め、閣下のリーダーシップによって世界平和が実現するよう世界を導いて下さるよう切に願う次第です。そこで少しでも助力になればと、いままで、これを展示することによって多くの平和を実現するという偶然に恵まれた、『世界平和祈りの梵字マンダラ』『アメリカ平和祈りの梵字マンダラ』『日本平和祈りのマンダラ』の三作品ならびに『梵語による平和（シャンティ）を祈る歌』を閣下に贈呈いたします。閣下のリーダーシップによって一刻も早く世界に平和が訪れますよう切にお祈りいたします。

ありがとうございました。

国際梵字仏協会会長　窪田成円〉

〈アメリカ合衆国が世界と人類の救済のために友愛と真の平和を実現する国でありますよう祈念し、星条旗に平和の象徴文字のア・ウンと梵語の祈りの言葉の梵字を拝書しました。

全世界の　平和よ　平和よ　平和よ　幸あれ
人類の　平和よ　平和よ　平和よ　幸あれ
アメリカの平和よ　平和よ　平和よ　幸あれ

作者　国際梵字仏協会会長　窪田成円〉

＊

梵字は法の力を発揮する

以上のような主旨をブッシュ大統領に伝えましたが、イラク戦争が終わる見通しはまだ立っておりません。

私は梵字が世界平和の最高の象徴文字であること、祈りの文字であること、宇宙の真理を徴《あら》わす文字であることを強調してまいりました。強調するあまりに、それが単なる護符であるかのように誤解されることを危惧します。

梵字は私たちの心を映す鏡といってもよいでしょう。誠心誠意それを書写し祈ることに

アメリカ平和梵字マンダラ

BONJII Mandala for the Prayer of America Pease

International Bonji Buddhist Association Joen Kubota

よって、文字は真実生きたものとなります。努力を累ねることによって、知らず知らずのうちに法の力がその人の心に宿るはずです。そのような人たちが輪となって、マンダラの世界をつくり上げる努力をさらに積むとき、それは偉大な力を発揮することになるでしょう。世は不幸に満ち、それが増幅してゆく今、梵字の種子を観想することによって、一人でも多く祈りの心を取り戻して頂ければと願う次第です。

オーン　ヴィシユヴァ　シャーンティ　シャーンティ　シャーンティ　スヴァーハー

世界の平和よ　平和よ　平和よ　成就あれ

オーン　ローカァ　シャーンティ　シャーンティ　シャーンティ　スヴァーハー

人類の平安よ　平安よ　平安よ　成就あれ

（新版『やさしい梵字仏』に梵文般若心経とこの平和の祈りのCDが付いています）

二〇〇一年一月一日に梵字のホームページを開設

いまやインターネットの時代で世界中にコンピュータから情報が流されています。それによって世界中の人々がいろいろな面で大きく影響されます。世界の源語である梵語は言《こと》霊《だま》字霊《じだま》といって世界中の人々の心に響くものがあります。

二〇〇一年一月一日をめざして在明俊一様が、まさに二十一世紀のはじめの日に当会のホームページを立ち上げて下さいました。ここに在明様によるホームページ開催の趣旨をご紹介して、インターネットを通じて世界中に梵字による平和の実現に寄与出来ることを祈念します。

〈二十一世紀のまさに第一日目の二〇〇一年一月一日にインターネット上の国際梵字仏協会のホームページを開設いたしました。

ＩＴ革命という言葉が流行語になっていますが、まさしく私たちの仕事に生活に革命的変化をこの新世紀にもたらすでしょう。また、このインターネットを使うことにより逆に情報をいとも簡単に世界中に発信することもできるのです。そして平和への聖なる祈りを世界中から集めることも可能です。

本ホームページは、国際梵字仏協会、三石造形藝術院のプロフィールから梵字講座案内の情報掲示、梵字曼陀羅の紹介等、一般の方が親しみ理解し、講座生には講座情報の取得の場として活用できるよう窪田成円先生の指示のもとにて作り上げました。

さらには英語版を随時作成していき、インターネット最大の特徴である海外との情報交流に活用させたいと思っております。

英語版にて世界中に窪田先生の拝書された「世界平和の祈りの梵字まんだら」作品により、聖なる波動と世界平和への祈りを伝えていき、それに呼応して世界中から平和への祈りを集める手段、媒体となることが可能です。

祈りは人間を変え、世界を変えます。そして世界を救います。すべては祈りから始まります。世界の多くの人々が聖なる祈りをもてば、必ず世界は聖なる世界に変わります。

二〇〇一年三月に窪田先生がインドにて「国際梵字平和祈念展」を開催されますが、梵字を通じて世界平和を祈念するムーブメントをインターネットを通じて同時に行う予定です。これが二十一世紀の真の平和への実現に寄与できることを祈念してやみません〉

（十一）川崎大師大開帳奉修記念「梵字仏・世界平和祈念展」

「梵字仏・世界平和祈念展」開催

大開帳法修を記念して、二〇〇四（平成十六）年五月八日から二十八日までの間、信徒会館ステンドホールにおいて「梵字仏・世界平和祈念展」を立派に展覧させて頂きましたことは、ひとえにお大師様のご加護、御前様の御高配の賜物でございます。この法要には小泉純一郎前首相も参列され、報道関係で大きく取り上げたため、大変な賑わいで、一カ月間約一〇〇万人以上の方々が参拝されたそうです。

十年に一度の大開帳法修による赤札授与が展覧会場のステンドホールにて行われたこともあって、展覧会にお越し下さった方の入場が思うようにいかず、ご迷惑をおかけしたことも多々ありましたが、赤札の授与がこの梵字マンダラ展の中で行われましたことは、大変意義深いものを感じました。梵字を請来されたご本尊の弘法大師様も喜んで下さったと思います。

今回の梵字仏平和祈念展において一番印象深く感じましたことは、「世界平和祈念」のご真筆を賜りました慈愛あふれる高橋隆天猊下によって、衆生を救済される胎蔵界の弘法大師様のお姿が私には見えてなりません。また偉大な学問をきわめられた智積院化主《けしゅ》宮坂宥勝猊下のご真筆からは、金剛界の弘法大師様のお姿が世界平和を祈念して下さっておられるように拝せられました。

ここに、両猊下からの「梵字仏・世界平和祈念展」への推薦の辞を賜りましたので、ご披露させて頂きます。

大本山川崎大師平間寺貫首　高橋隆天猊下推薦の辞

〈今年の吉例大開帳を記念して、国際梵字仏協会・窪田成円会長が主宰する「梵字仏・世界平和祈念展」が当山において開催されます。

今から二十年前の昭和五十九年、宗祖弘法大師千百五十年御遠忌と吉例大開帳奉修の年、この法縁と大師鴻恩の念をもって八角五重塔（中興塔）を建立しました。そしてその塔内に窪田会長の梵字の師・三井奝円先生が黒御影石に謹刻された金剛界、胎蔵界の梵字（種子）曼荼羅を奉祀しました。この縁が今に継承されてます。

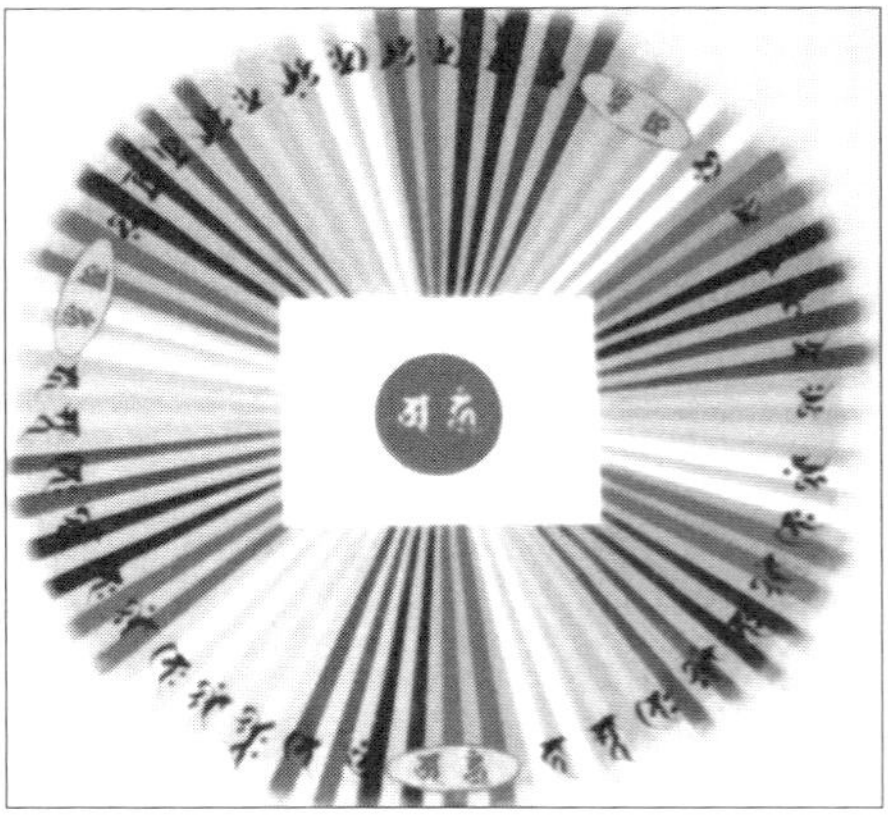

日本国平和祈りの梵字マンダラ

梵字は仏・菩薩の各尊を一字で標示する尊い文字であり、この梵字を観ずることができるのであります。

窪田会長は梵字のよき指導者であるとともに、この梵字を通して世界の平和と人類の安寧を祈念して、国内はもとより海外にまで広くこの活動を展開しております。近年、スリランカ国・上座部仏教発祥の聖地・ミヒンタレー市に国際梵字仏文化センターを建立されるなど、めざましい活動をしておられます。

恰も、三井奝円先生没後、二十年と梵字仏啓蒙活動三十五年に当たる今年、この祈念展が開催されることに意義があることであります。

高橋隆天猊下と著者

この祈念展を参観される多くの方々が、梵字に親しむ機縁となりますよう、更には永久の世界平和を祈念して止みません〉

真言宗智山派管長・総本山智積院化主　宮坂宥勝猊下――推薦の辞

〈此の度、川崎大師平間寺において国際梵字仏協会会長・窪田成円先生の梵字仏世界平和祈念展が開催されることはご同慶の至りに存じます。周知のとおり会長先生は梵字の大家で、インド・スリランカ等にも大作を残され、国際的に活躍されている方であります。

梵字がわが国に請来されたのは弘法大師ですが、本年は時恰も大師入唐一二〇〇年祭に正当いたします。

今日世相は混迷し、世界状態は混沌として不透明な時代になっています。このようなときに梵字を通じて世界平和を祈念する展示は非常に意義があるものと存じます。また来会者の方々にはこれを機会に梵字についての関心と理解を深めていただければ眞に有り難いことだと存じます。

世界平和を祈念するこの展示会の盛会を期待して一言ご挨拶といたします〉

梵字まんだら作品集制作

また二〇〇六年には弘法大師様が梵字を請来されて一二〇〇年目に正当いたします。それを記念して講座生の皆様の梵

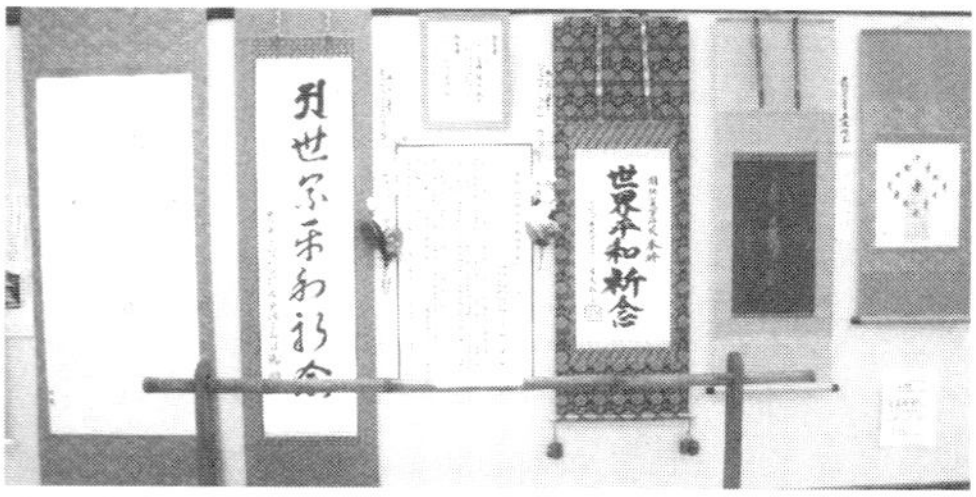

真言宗智山派管長・総本山智積院化主宮坂宥勝猊下の御真筆（左）、川崎大師平間寺貫首、高橋隆天猊下の御真筆（右）

智積院にて宮坂猊下とラタナ師とともに

字まんだら作品集を制作いたしました。

日頃精進されている講座生の皆様の作品をこのように一冊の本にまとめたことは初めてのことですが、大変好評を博しました。弘法大師様、そして三井奝円先生に何よりのご供養となったことと思います。

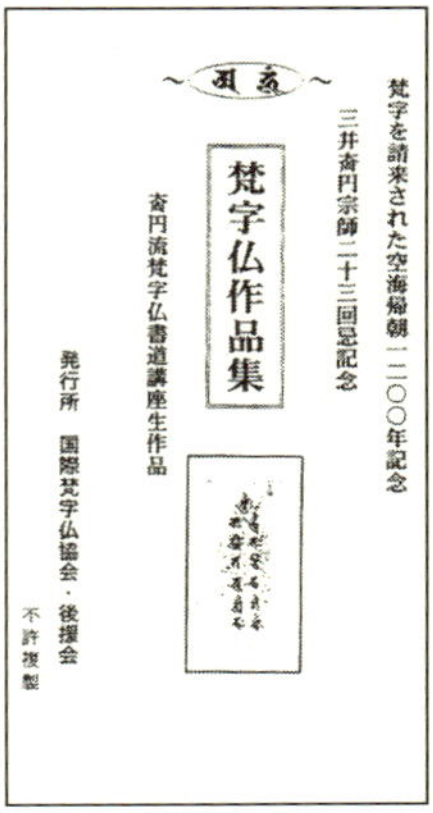
梵字を請来された空海帰朝一二〇〇年記念
三井奝円宗師二十三回忌記念
梵字仏作品集
奝円流梵字仏書道講座生作品
発行所　国際梵字仏協会・後援会
不許複製

梵字仏薬研堀不動三尊碑造立

このたび高橋隆天大和上様のご高配により、大本山川崎大師平間寺東京別院、薬研堀不動院開創四一五年を記念し、梵字不動三尊碑を奉納させて頂きました。この法縁に至りました経緯をここにご紹介いたします。

二〇〇六年三月十七日、三井奝円宗師の二十三回忌の命日の日に「密教と梵字を請来された弘法大師帰朝一二〇〇年に正当し、報恩感謝の意味で薬研彫りの梵字の石碑を川崎大師様にお納め頂きなさい」と故三井宗師のご夢告がありました。

翌日川崎大師の御影供まつりにに伺い、その趣旨をお話しましたところ、今年は薬研堀不動院の四一五年祭を奉修するので、そちらに納めてほしいというお話がありました。

このたび薬研堀不動院へ伺い、その由来を知り、薬研堀の起こりと薬研彫の梵字の石碑とのご縁の深さを知ることができました。

薬研の名称は、薬種をたたいて粉にする舟型の器具でV字型のくぼみを表します。「薬研彫り」というのは、梵字をのみでV字型に彫ることです。刷毛書きの梵字を薬研彫りで石に彫ることによって、荘厳な種子が謹刻されると三井先生はつねづね申しておられました。

お大師様のみもとに旅立たれた高橋隆天猊下

碑の完成を大変心待ちにしておられました御前様が、九月三十日に御遷化あそばされたことを知り、夢とばかり驚き信じることができませんでした。梵字仏への最高のご理解を示して下さいました御前様は、私どもにとって大きな心の支えでしたので、悲しみに暮れる日々でした。

この碑は十月十九日に造立しました。「その夜、私はお大師様のみもとに旅立たれ光明を放たれておられる御前様のお姿を拝しました」。これからは、お大師様（大日如来様）のみもとから常に私たちをお守り下さることを信じて、合掌した次第です。折しもその日は三《み》七日《なのか》でした。

弘法大師帰朝一二〇〇年目に御昇天

密教と梵字は発祥の地のインドも伝来の地中国も現在は消滅していました。しかし、弘法大師様が西暦八〇六年唐から帰朝し、密教と梵字を日本に請来されて、本年で一二〇〇年目に正当します。真言密教を一二〇〇年間日本において保持継承されていることは尊いことです。

特に川崎大師高橋隆天猊下の密教興隆と教化事業へのご尽力は偉大なものがございます。その記念すべき一二〇〇年の年に御昇天あそばされたことは、まさに今世における御大師様から課せられた大使命をまっとうされたということではないでしょうか。

今回の梵字不動三尊碑の造立の日に、私の中で大日如来様になられた御前様の大慈悲におすがりし、知恵の光明によって私どもをお導き下さることを確信いたした次第です。

梵字法まんだらの世界が展開された開眼法要

「四七日《よなのか》の日にあたる十月二十七日の薬研堀不動三尊碑の開眼法要の折には、お導師様の藤田隆乗貫首様、山内の僧侶の皆様のご賛同のもとで荘厳なる法要が営まれ、すばらしい読経と御詠歌により法まんだらの世界が展開され、法悦の喜びを感じました。

梵字を請来された弘法大師帰朝一二〇〇年と、薬研堀不動院が本年開創四一五年記念の勝縁に梵字不動三尊の碑を奉納いたし、奇しくも御前様のご供養として納めさせて頂く法縁にただ驚いている次第です。この梵字不動三尊碑、開眼法要により無上のご加護が垂れ給わんことを祈念いたします。

　このご縁を賜りました高橋隆天大和上様、すばらしい表白文を賜りました藤田隆乗貫首様、美しい文字によって石碑を一層引き立てて下さった野沢執事長様、多大なお心遣いを頂いた中島主監様、常務の野沢宏孝様、常務の長南照雄様常務の石上邦夫様、山田法務長そして山内の皆様に厚くお礼申し上げます。

　ここに文章を認《したた》め感謝の誠を捧げます。

薬研堀不動三尊種子の碑

梵字を請来された弘法大師空海上人が帰朝（西暦八〇六）されて本年千二百年に正当し、また薬研堀不動院が本年開創四百十五年記念の勝縁に梵字不動三尊の碑を奉納されました。

川崎大師平間寺貫首　高橋隆天

奉納者　三石造形藝術院主宰
国際梵字仏協会会長　窪田成円
山梨県甲斐市竜王新町三三六
政門石材店　政門賢治
政門浩二

梵字書家　三井奝円先生第二十三回忌追薦
平成十八年十月建立

薬研堀不動三尊の石碑

慈愛あふれる御前様ありがとうございました。

南無大師遍照金剛　窪田成円」

（十二）「阿吽の宇宙法マンダラ」と同じうず巻き銀河が天体に現れる

「梵字仏・世界平和祈念展」終了直後、阿吽宇宙法マンダラと同じうず巻き銀河が天体に現れました（次頁参照）。

二〇〇四年五月、川崎大師大開帳奉修記念に「**梵字仏・世界平和祈念展**」を開催し、大成功の裡に終わりましたが、その直後、国立天文台のスバル望遠鏡の宇宙映像が配信されました。驚くことに、その中のくじら座銀河の映像は、三井奝円宗師の「阿吽の宇宙法マンダラ」の図案とほとんど同じでした。初めて目にする映像と同じ図案が三十年以上前に「阿吽の宇宙法マンダラ」として描かれたわけです。

このマンダラは、師が瞑想中に感得された宇宙にて大日如来を体感し、その銀河の中心に阿吽の梵字が描かれています。世界平和を祈念して描かれたマンダラは、宇宙の実物の写真が、「梵字仏・世界平和祈念展」の展覧会の直後に発表されたことに深い意味を感じま

2004/6/1　100万個の銀河が国立天文台すばる望遠鏡より初公開。
地球から数千万光年離れているうず巻き銀河

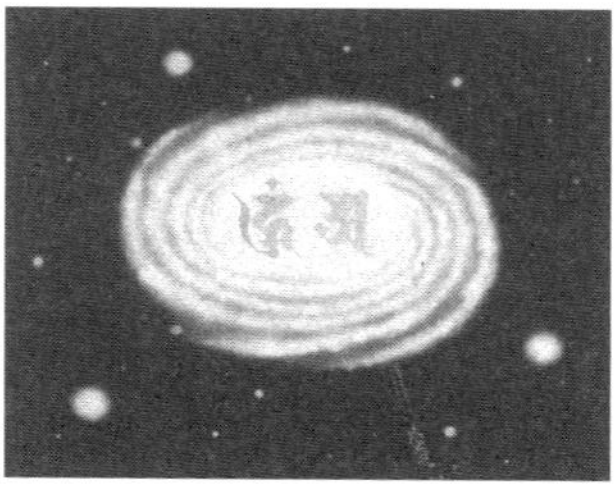

「阿吽の宇宙法マンダラ」。27年前に三井斎円宗師が感得拝書

三井斎円宗師は1978年深夜、数千キロの速さで数千万の銀河が渦巻いて眼前に現れ、その中から金色の光明を放った阿吽の梵字種字が、目の中に入ったそうです。その時の神秘体験を描いたのが、この「阿吽の宇宙法マンダラ」です。折しも川崎大師大開帳奉修記念「梵字仏世界平和祈念」の直後に、この写真映像が公開され、この記念展を宇宙から讃美し、大日如来様が世界平和を祈念下さったように思われます。

阿吽とは諸仏、諸尊の通種字にして三千大千世界、すなわち全宇宙森羅万象を表します。これこそ宇宙の真髄を象徴したもので、密教では金胎両部の大日如来をも表したものです。阿吽の梵字種字こそ、世界平和の最高の象徴文字であることを証明して下さったようです。「阿吽の宇宙法マンダラ」に世界平和の祈りを捧げて頂ければ幸いです。

2004年盛夏　　　　至心合掌　窪田成円

した。「阿吽の宇宙法マンダラ」は、宇宙の真髄を象徴した文字であり、世界平和の最高のシンボルであると証明されたと思われたのです。

この「阿吽の宇宙法マンダラ」を瞑想し、祈願し、梵字書写することにより、宇宙悠久の大生命に帰一する妙術をいとも容易に体得出来ます。また、梵字仏と感応通力することにより正しい叡智を頂き、多くの開運を招くことが出来ます。特にこのマンダラを部屋に飾り瞑想し、平安を祈りますと、清清しい気分となり、家の中が明るくなり、窓から宇宙の素晴らしい気を得ることが出来ます。私もその体験を何度もし、梵字仏による良き縁を頂いております。

梵字の持つ不思議な力であなたの人生を開きましょう

梵字は、仏の象徴であり、真言であり、仏の尊形や、仏智、無量無辺の意義と徳をそなえています。したがって、これを唱え、心に念じて書写すれば、すみやかに菩提を得るとされています。そして、この梵字仏とのご縁を結べば、愛の波動によって美しい光を放ち、平安と幸せが得られると思われます。口絵に、**「梵字マンダラ文字仏」**を特別に掲げました。ぜひ、この梵字仏のご慈悲と功徳を体感会得され、お守りとして祈りを捧げ、あなたの人生を開いて下さい。

以上、ここに梵字仏のご縁によって偉大な法の力を頂き、不可能なことが可能となり、多くの奇跡が生まれたことの体験を「梵字による平和の祈り」と題して綴り、一冊の本にまとめた次第です。梵字を通じて、皆様のご多幸をお祈り申し上げます。

合掌

第三章　風林火山と梵字による平和への祈り

（一）一大事業の信玄堤

武田信玄（晴信）の治水事業

甲斐市の竜王町は、かつては治水の難所であり、暴流の通り道だったと伝わります。甲斐の領主となった信玄（晴信）は、「治水ハ国家ノ専務ナリ」として領民安寧のために大事業に取り組みます。まず、急流釜無川に合流する名うての暴れ川御勅使川《みだいがわ》の勢いをどのように制御するかが問題です。そこで、御勅使川の河道を人工的に変え、この両川の合流地点を「高岩」のそそり立つ場所に設定しました。この岸壁に御勅使川の暴流を突き当てて水勢を削ぎ、弱まった流れを本流の釜無川に合流させるように強固な堤防を築いたのが、いわゆる「信玄堤」です。

信玄は、二十一歳で国守になった翌年から十八年かけて一五六〇年に完成させました。信玄は外に多くの敵と戦いながら国内を忘れず、この治水工事においても「人の力」「神の力」をたくみに組み合わせて万全を期したといいます。

色々な工法により築堤がなされましたが、その一つに水勢をそぐ方法として「聖牛」があります。蛇籠《じゃかご》に石を詰め丸太を組んで固定したものですが、その形が牛に似ているところからそのように名づけられたのでしょう。この工夫は甲斐の国が発祥だとして、現在の信玄堤に沿って再現されています。アフガニスタンにおいてもこの工法で水防を行っているということです。

三井先生は、竜王町に武田信玄公頌徳碑を建てられました（昭和五十六年）。毘沙門天の梵字種子を配した軍配が彫られています。顕彰文に「天文十一年、武田信玄公が治山治水を発願。乱世に在って、よく民生の安定を万能の神に祈念し、後世、公の名を付す築堤を行ない、激流を鎮めて徐かに大洋に向け、後代殖産の道を拓く礎となす」とあります。

先生は信玄公についての考えを別のところに次のように記しています。

〈「信玄堤」は武田信玄公の妙計構築になる不朽の「民政、治水」事業である（水災除け民政安定万代太平殖産）。

甲州流の軍学の基本である、総大将は刀を抜かず、いざという時でも絶対に刀の鞘を払わないのを信条として戈を止めて軍陣の指揮をとるという信仰から「軍配」に諸難厄除け必勝招福の「毘沙門天」の梵字種子（文字仏）を配したところに意味深いものがあるのである。

楚氏曰く「止戈為武」、武という字を分解すると戈止となるので、戈を止めることが武の本来の意味とされている。信玄公はこの意を汲んで、これを武田の「武」として愛用されたのである。

信玄公は「毘沙門天」「勝軍地蔵」更に「武田不動尊」の三尊を陣中、戦の守り本尊とされて常に戦場に臨まれたのである〉

（二）武田信玄と窪田家の縁

信玄の領国経営

竜王の「信玄堤」が一応完成されたのは一五六〇（永禄三）年と伝わりますから、構想より十八年の歳月がかかったことになります。晴信改め信玄を名乗るのはこのころです。信玄の治水事業は、堤防を築造するだけでなく殖産興隆を図ることだったのです。かつての河道の跡地に住む人を募りました。

後御勅使川《ごみだいがわ》掘削（新流路）に際しても旧来からの住民に代替地が与えられましたが、それにもまして龍王河原といわれた土地に最初に居住するのは勇気が要ったはずです。堤防の裏側に当たるからです。信玄公は「棟別役免除」の条件を出しました。つまり、耕作地を開墾して殖産に励めば租税を免除するというわけです。その代わり、日ごろから堤防の管理を怠りなく行うことと、決壊のおそれあるときのすみやかな対応を義務づけます。

こうして新規居住者によって構成された村は「龍王河原宿」と呼ばれました。今の竜王町の始まりです。かつての河道は土が肥え、新田開発には最適の土地でした。農作物の増産が飛躍的に伸びたといわれます。

「人は城、人は石垣、人は堀、情けは味方、仇は敵なり」――信玄公は非常に情け深く、重臣や家来、領民を信じていたことがこの言葉によく表されていると思います。。

歴史上、武田氏は亡びたといわれますが、上述の信玄の考え方は普遍的なことであって、亡びるものではありません。甲府駅前の信玄の銅像はいかにも武張った猛将といったイメージで造られています。しかし、豪放にして緻密な経世の理と人としての繊細な情を併せ持っていたと思われます。

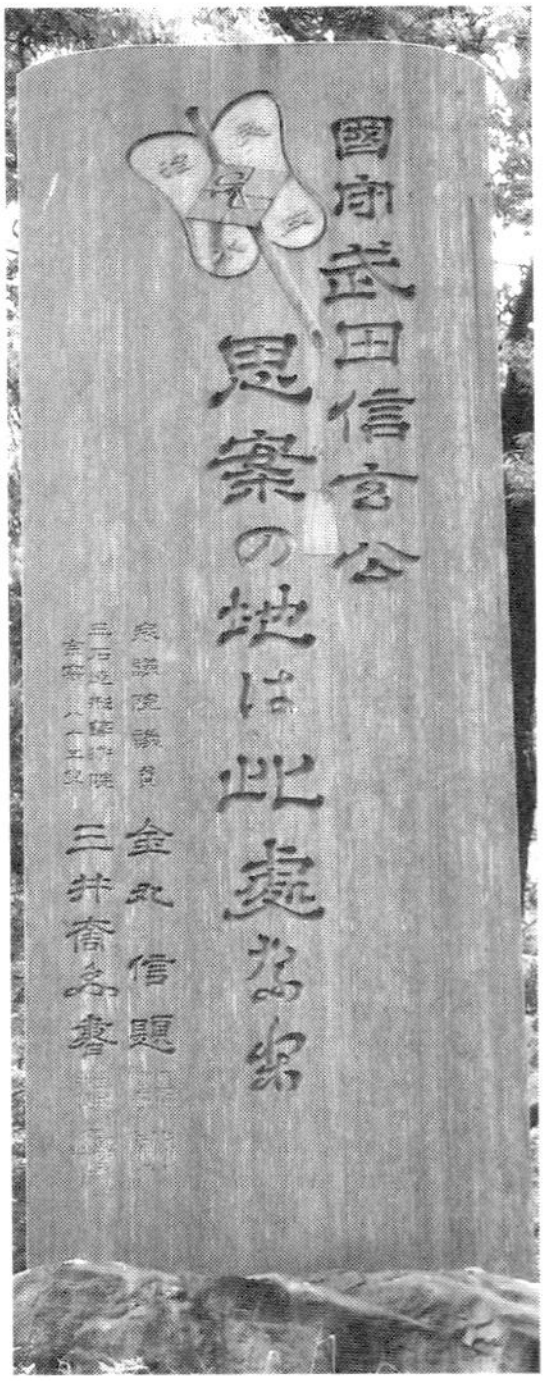

武田信玄頌徳碑造立。
「思案の地はここなり」。
信玄公がこの地において堤防を考案されたのが釜無川を一望できる。
（金丸信題・三井斎円書）

三井家ゆかりの梅巖

窪田家にも一幅の肖像画が伝わっています。二四四頁に掲げる写真がそれです。幾分か憂いを帯びた表情にも見える肖像画には「梅巖」の署名と落款がありますが、古絵を模写したものです。

どんな絵から書写したのかは定かでありませんが、おそらく「甲斐国主拾遺」の信玄像からではないでしょうか。ここで梅巖のことを少し説明しておきたいと思います。

「梅巖」は竒円師ゆかりの三井本家の八代目庄左衛門惟明《これあき》の画号でして、江戸中期の人です。庄左衛門惟明の母は五代目庄左衛門吉憲《よしのり》の娘ですが、龍王村の初代輿石《こしいし》五右衛門に嫁ぎ、その長男として惟明は生まれます。若いころから学問を好み、絵も大変上手でした。「梅巖」の号を以て一時は江戸四谷に住んでいるうちに、徳川家に認められその御祐筆となります。つまり徳川家御用達の絵師としてよそでやたらに絵を描いて署名してはならないというのです。窮屈なことですが、一方からみれば大変な優遇です。そんな折、四方赤良《よものあから》（太田南畝《なんぽ》、蜀山人《しょくさんじん》）とのおつき合いがありました。学識と画才に加え囲碁も名人級に強かったと伝えられています。

窪田家所蔵

（三）武田家の修行僧、鉄山禅師と徳川家康との仏縁

信玄公の母、大井夫人の流れを汲む窪田家

窪田家が竜王新町に移ってくるのはやはり江戸時代になってからでして、一六八八（貞享五）年六月のことでした。それ以前は甲斐古上条《ふるかみじょう》に居を構え、石坂を名乗って古くから武田家に仕えてきました。古上条は甲府盆地のほぼ中ほどに位置します。現在の甲府市中央卸市場のすぐ南、JR身延線と甲府バイパスが交差するところからわずかに南にある地です。荒川の畔より西に寄った所で、昭和町にほぼ接する地帯です。

石坂氏一門の先祖が住んでいた地名「石坂」に因んで氏姓としました。石坂一族はさらに溯れば大井氏を名乗っており、元はといえば武田家と血縁関係にありました。信玄より溯ること九代前の信武に信成・信明・義武の三人の男児あり、信成は武田家宗家を継ぎ、次男の信明が大井姓を、三男義武が穴山姓を名乗りました。大井氏は何流にも分かれてゆきますが、信明―春明―信房と続きます。信房の長男信庖《のぶかね》の弟房明が石坂家に養子となります。石坂房明の系譜は房次―房庖―昌次と流れてゆき、昌次の弟次庖《つぐかね》が「鳶が鷹を産んだ」いわれますのは、その四男が幼少から英才の素質を持ち、のちに鉄山宗鈍《そうとん》禅師となって大きく羽ばたくからです。

鉄山禅師については項を改め後述しますが、以上が窪田家の前史です。これは一門のことを誇って申し上げているのではありません。今の私どもから見ましても遠い昔の一族のことですから、歴史事象の一端として述べていますので、そのように受け止めていただければ幸いに存じます。

では、いつから石坂氏は窪田姓を名乗るようになったのでしょうか。

武田家に仕えた窪田家の先祖

鉄山の父石坂筑後守次庖は、信虎・信玄二代にわたって仕えた功臣だと伝えられています。弱肉強食の時代、信虎軍の軍監として数々の合戦に加わり、出城（塞）や前線の侍大将らとの連絡を受け持ち、旗本の配下を率いて第一線に立つこともありました。戦《いくさ》のない平時には館の警護と道筋（街道）奉行の任に当たりました。

次庖は信濃の遠山氏の娘を妻としますが、六人の男子と一女に恵まれます。四男の鉄山を除き、武門の子息としてその道を選びます。このとき窪田と改名しました。長男窪田越後守忠廉・次男小兵衛正吉・三男市右衛門正長・五男次治（その下の妹は東条民部丞信射に嫁ぐ）・六男右近助長次の男子五人兄弟は武田家に仕えます。五男次治はのちに対馬守を名乗り豊後《ぶんご》臼杵《うすき》藩稲葉公の家臣となります。六男長次は信玄―勝頼に仕え、その妻は三枝宗四郎守吉の娘です。この子孫が古上条時代を経て今日の窪田家につながるわけです。長次から数えて六代目房次まで古上条に住みますが、七代目次遥が竜王村へ養子としてやってきます。八代目次行は幼いころから竜王新町で育ったために、実質的には現在の窪田家の初祖になります。そこから数えて三一五年の時が流れますが、現在、私、成円が十四代目となります。

しかし、ここに旧家を継承してゆくことは容易なことではなく、子供たちもそれぞれの生活があり、無理強いする訳にもいかず思案に暮れる毎日でございます。

侍童としての鉄山禅師

さて、次庖の四男の鉄山について述べることにします。

鉄山は一五三二（天文元）年に生まれました。幼少のころからとりわけ悧発《りはつ》だったと伝えられ、父の計らいで信玄（晴信、幼名勝千代）の侍童として躑躅ヶ崎の館に上がります。信玄は一五二一（大永元）年生まれですから、鉄山より十一歳年上ということになります。鉄山は幼くして恵林寺にはいりますが、元服後の晴信の口利きによるものと思われます。石坂家の者は前述の通りみな武田家に仕えるのですが、この子だけは戦野に骸を曝す恐れある武者に育てるよりも善智識《ぜんちしき》の道を歩ませたいと、晴信は考えたのでしょう。

乾徳山恵林寺は二階堂堂蘊《どううん》が夢窓国師を開山として塩山に招いて開基した名刹で、武田家の菩提寺となります。鉄山は怡《い》雲《うん》和尚を導師として得度し、十八歳まで修行に励みます。まだ「心頭滅却すれば火もまた自ずから涼し」と喝破した快川紹喜《かいせんじょうき》（大通智勝国師）が住寺とならない前のことです。

晴信は石坂家を頻繁に訪れたようですが、古上条の屋敷跡には「信玄駒つなぎの柏」と伝承される二本の雌雄の大樹が今でも残っています。窪田家の家紋「丸に違い柏」はそのことに由来するのでしょう。ただ、鉄山幼少のころはまだ石坂姓のままでした。

臨済寺での徳川家康と鉄山禅師の仏縁

父母《ちちはは》の恋しい六歳のころから家を出て十八歳になった鉄山は、駿河の臨済寺にさらなる修行のために赴きます。大龍山臨済寺は今川氏輝（義元の兄）の墓所として一五三六（天文五）年に創建されました。太原崇孚《たいげんすうふ》が大休宗休《そうきゅう》を請じて開山とし、自らを二世としました。今では古刹ですけれど、鉄山が入門したころはまだ新しい寺でした。

崇孚には雪斎《せっさい》の別号がありますが、義元の政治上の顧問でもありました。今川氏の人質となったばかりの松平竹千代（徳川家康）が雪斎に預けられていました。竹千代は一五四二（天文十一）年の生まれでそのとき八歳、鉄山と十歳ちがいです。二人は雪斎の教えを受け、竹千代は鉄山を歳の離れた兄のように慕ったと伝えられています。

雪斎の示寂後、鉄山は臨済寺三世東谷《とうこく》禅師のもとで修行に励み、二十六歳のとき上洛します。退蔵院の亀年禅師、龍安寺の月航禅師に参禅し、のち天龍寺の学僧策彦《さくげん》禅師からは宗学と詩文を学びます。北野天満宮に百日の祈願参籠して一日一詩を捧げていますが、その詩は「北野百梅詩」といって、今は臨済寺に所蔵されているそうです。

なお、策彦周良《しゅうりょう》は、快川和尚が恵林寺を留守にして美濃の崇福寺に帰った一時期、京都から赴いて住持をつとめました。

鉄山の修行は長きにわたりますが、一五七〇（元亀元）年信玄が上洛を企図した折、武田家の外護により臨済寺の堂塔をさらに整えます。信玄は東谷禅師を本山妙心寺に送り住持となし、修行中の鉄山を駿河に呼び戻しました。懇請に応えて、鉄山は臨済寺四世となります。

信玄は京都に上るために、京都の実権を握る織田信長包囲網をしぼりながら軍旅の途につきますが、とくに一五七二（元亀三）年十二月の遠江三方原での戦いで徳川・織田軍を敗走させ、徳川家康が九死に一生を得た話は余りにも有名です。

しかし、翌天正元年四月、信玄は病を得て信州駒場の陣中で五十三歳の生涯を閉じることになります。臨終に際して、喪を三年間秘し、他国との戦を休止して民福休養するように遺言したという話はどなたもご存じのことでしょう。三年後に信玄の死を知った上杉謙信は、何度も干戈《かんか》を交えた間柄ながら、英雄・人傑とは信玄のような人物をいうのであって惜しい武将を失った、と涙を流したと伝わります。

一五七六（天正四）年四月十六日、快川紹喜禅師を大導師として恵林寺で信玄公の大葬儀が粛々と行われますが、このとき副導師をつとめたのが鉄山崇鈍です。鉄山は前年に本山妙心寺に入山しています。

鉄山の父次庖はこの葬儀のあとほどなく、八月二十四日にこの世を去りました。その墓は大慈山義雲院にあります。この寺院は次庖が鉄山を開山として開基し、永禄年間初頭に建立された模様です。現在の甲府市中央卸市場のすぐ北にあります。次庖の武将姿の木像、鉄山の頂相《ちんぞう》（肖像画）のほかに寺宝として武田家伝来の念持仏毘沙門天を安置しています。この念持仏は勝頼が天目山田野で自裁するとき、従っていた中楯宗栄に託されたものだといわれています。

武田氏滅亡のあと世は変転しますが、徳川家康はよく隠忍自重の末、天下の大権を握ります。その間、鉄山は妙心寺八十世住持をつとめ、末寺臨済寺叢林を開設し、学僧を育成します。

徳川家康に敬愛される鉄山禅師

ここに、鉄山禅師の三五〇年遠忌に当たる昭和四十一年に奝円師と平林寺を訪れた際、白山禅師から頂いた小冊子を私の生涯の宝として座右に置かせて頂いておりますが、この小冊子より一部抜粋して掲載させて頂きます。

〈本年は、平林寺中興開山・勅謚霊光仏眼禅師鉄山宗鈍大和尚の三五〇年遠忌に当たるので禅師と家康公との触れ合いに就いて少し述べてみたい。

禅師は甲州武田氏の家臣久保田右近助長を父として出生、**一時期を侍童として信玄に仕へられたが**、稚い頃から早くもその英敏の禀質は世の耳目を惹き、世人戯れに「鳶右近助が鷹を産んだ」と専らの評判となり、信玄からも殊の外愛されたといふことである。

長じて快川和尚火定の偈で高名な恵林寺に入って得度、更にそれより武田家の**修行僧として駿河の臨済寺**に到り道学に参得された。当時、臨済寺住持は雪斎長老（太原禅師）として儒学軍学に通じ禅機に秀でた大善知識であった。奇しくもこの**雪斎長老の下で鉄山と家康は同じ修業の道にいそしむ僚友**として初めて出会したのである。

家康は八歳にして今川家に人質となり、其後十九歳までの十年間を今川家の菩提寺であるこの臨済寺に預けられていた。落魄した三河の徳川の家臣は悲運の底に呻吟し、家康もまた幼時よりつぶさにこの世の辛酸を嘗めていたが、その家康にとって、雪斎長老の薫陶を共に受けつつある十歳年長の鉄山は、その才幹気骨ともに常に兄と仰ぐべき敬慕の的であったのである。

やがて二人は道を異にして訣別し、家康は武人として足を踏み出す。鉄山は二十六歳の時上洛して禅機向上の端的を退蔵院の亀年、龍安寺の月航等に参得し、宗乗・詩学を天龍寺の策彦に学んで宗規修行二十年の功を積まれた。禅師はその後妙心寺に歴住開堂し塔頭大龍院を創建してこれに住したが、日々に一詩を賦しては北野天神社に参詣し献納したというふことである。

家康公はその後よく隠忍自重、雌伏すること十有数年、着実にその地歩を進め、甲駿遠三国平定から更に相模に北条氏を攻略して関八州の大守りと成り、信長・秀吉の没後は急速に勢威天下に振ふに至ったが、鉄山を敬慕するの情は片時もその胸中の深処から消え去らなかった。

折にふれては大龍院に禅師を訪ふたが禅師は裏口より抜け出て会ふ事を拒けられた。公は禅師に端渓の大硯等を贈り、また或日は禅師と一献酌まんと酒肴の櫃を携へて訪なふのだったが、応対に出てくる僧の応へは常に禅師の不在を告げるのみ。止むなく公は酒肴の櫃を玄関に置き心満ち足りず去らねばならないのだった。(今も大龍院にはこの時の端渓の大硯や立派な三葉葵の金蒔繪の茶櫃等が保存されている)。

度々の失敗に懲りた家康は一計を按じ、大龍院の裏口に渠を掘って他出できぬ様にして（後生これを権現堀と称したといふ。）禅師との接触を図ったがその実現はとげられなかった。晩年に江戸城に居住した家康は、愈々つのる鉄山敬慕の念から、如何にもして禅師を身近に呼び寄せ度いものと思案するのだが、良策も無い。

或日岩槻辺の野の鷹狩りの帰るさ、一小院（聯芳軒《れんほうけん》）に少憩した時、住職が「この附近に太田道真（道灌の父）開基・石室善玖《せきしつぜんきゅう》禅師開山の平林寺という名刹があったが禍いに遭い、焼亡してそのままとなっている。この寺もその山内の一ヶ寺である」と語るのを聴き、ひそかに家康の心が躍った。

さっそく急使を京の鉄山の許に遣はして懇請した。「武蔵野閑寂な地に平林寺といふ、今は焼亡して元の姿をとどめぬ古刹があるがこれを復興して閑棲されては如何」。度重なる家康の衷情黙し難く、遂に禅師は家康に返書を送った。

「強《た》っての請いに依って関東に下向するが、衲《のう》は（私は）将軍のところに伺いたくないし、また来訪されても甚だ迷惑する。この儀を了とされるなら承知しよう」。斯くして禅師に依る平林寺の復興実現の日を迎へたのである。

家康公は鷹狩りからの帰途は必ず平林寺に立ち寄るのだが、以前と同じく一向に鉄山と会ふことかなはず、寺僧の応へは十年一日の如く禅師の不在をあうむ返しするに過ぎない。

或時公は鉄山の在寺を確かめ、強いて相見を乞ひ、禅師の前に**五百石のお墨附**を差し出して「寺領」にと言った。

禅師はそれを突き返し「**禅僧は三衣一鉢《さんねいっぱつ》の外何物もいらぬ**」と、ケンもホロロの挨拶である。流石の家康も色を成し、「禅師は今日は天下の大将軍たる予を常に嫌厭し、今また五百石の墨附を突き返されるが、それでは本師釈尊のお訓へに反かれはせぬか。**釈尊は『仏法の外護《げご》を王侯貴人に付属す』或はまた『有力の檀越《だんおつ》大人に付する』**と遺訓せられてあると聞く。然るに今天下の大将軍たる貴人であり、天下を平定した有力の大人たる予を拒否されることは如何」と詰め寄った。

禅師はこれに応えて、「衲の目より貴公を見れば貴人とも有力の大人とも思へぬ」といふ。「それなら何者とされるぞ」と家康が重ねて尋ねると、「不義の臣である」と応へる。「何故に予が不義の臣であるか」との詰問に禅師は、「遺児を託された豊臣家対してはどうか。また皇室には如何なる処置を取っているか。極言すれば貴公は乱臣賊士に外成らないではないか。衲はその様な者の外護など蒙らぬ」と罵倒し、サッと座を立って奥の居間に入ってしまはれた。

鉄山禅師肖像画

当時寺内の衆徒は戦慄して罪の及ぶを怖れたが、鉄山は「家康を成すものは吾なり。家康を成さしむるものは人なり。家康吾を追はず。吾また家康を追はず」と平然たるもの。家康公は止むなく墨附を懐にして辞し、帰途山内の聯芳軒に立ち寄って住職より筆硯を借用し、「山内の五百石ではちと多いと思ふから、五十石としてここに置く」と百を十に書き替へて去ったが、その添え書きである五百石の領地は書き替へてなかったので、実収は五百石寺領として聯芳軒に入ったといふことである。

このこともあって後、禅師は家康に一絶を贈られた。

「北鴛鴦」　「逃げるおしどり」

平生刷羽戯池塘　堪恨朝来背我翔

一対鴛鴦呼不返　人間万事共亡羊

この詩を読んで家康公は大いに悟得するあり、将軍職を秀忠に譲って自らは大御所として駿府に退いたといはれている。家康が天下平定後政治顧問として天海大僧正を招き、金地院の崇傳長老を秘書として重用し、儒学国学者等の言に耳を傾け、また陣中に於いても常々仏心を忘れず、「南無阿弥陀仏」の称号を唱へつつ数千行細字を書写して陣没家臣の冥福を祈り、善根功徳を積む事を心掛けたことなど、寛忍大雅量の人家康の心根は、遠い少年の日、鉄山とともにその膝下に薫育された雪斎長老の禅機と、後年は互いに相見える事も殆どなかった鉄山の権門に媚びず威武に屈しない剛毅不羈の禅機とに依って磨かれ、円満無碍《むげ》の光彩を放つに至ったのではなからうか。

鉄山禅師と徳川家康との触れ合いから、今日の歴史を生きるわれわれの心はある否難い感動を覚えるのである〉

鉄山が家康公に贈った一絶

紹介しました小冊子に鉄山禅師が家康公に贈られた一絶のエピソードがありましたが、この内容について脩円宗師は次のように注釈されていました。

「北鴛鴦」
平生刷羽戯池塘
堪恨朝来背我翔
一対鴛鴦呼不返
人間万事共亡羊

「逃げるおしどり」
平生羽を刷りて池塘《ちとう》に戯《たわむ》る
恨みに堪えず朝来《ちょうらい》我に背きて翔ぶ
一対の鴛鴦《えんおう》呼べど返らず
人間万事共に亡羊

いつもは羽を刷りあわせて池で遊んでいたのに、ある朝自分の知らないうちに翔びさってしまうとはまことに残念、一対のおしどりは呼んでも返ってこない。このように人間というものは万事群れを見失った羊に等しい、あるいは人間の行くすえは「茫洋」としているものだ——という意味だろうと思いますが、「人間は育った環境は同じでも歩む道はそれぞれ違う。家康は武士として育ち、私は僧侶の道を歩めばよいのだ……。人間万事いろいろの道がありますよ、自分の思うようにならないものです」

そういう意味だと裔円宗師から伺いました。

この詩を読んだ家康公は、はっとして悟るところあり、将軍職を秀忠公に譲り、大御所として駿府に隠居し、また多くの戦死者の慰霊の供養をしたともいわれています。

とくに家康公が建立した増上寺、寛永寺、日光東照宮などは有名です。また恵林寺の再興には鉄山禅師との縁もあって、家康公が援助してくれたと云われております。家康公は終生鉄山禅師に帰依したことが伝えられています。

鉄山は長命を保って、一六一七（元和《げんな》三）年十月八日示寂。世寿八十六歳。家康公はその前年に亡くなっています。のち一七一五（正徳《しょうとく》五）年になって、中御門天皇より鉄山に「霊光仏眼禅師」の諡号《しごう》が贈られています。

（四）梵字を重要視した信玄公

軍具や軍旗に梵字が書かれていた

武田信玄は梵字を重要視されていました。

今年はＮＨＫ大河ドラマ「風林火山」が話題になっておりますが、私もこのドラマで使用する梵字の手本を数点書かせて頂きました。信玄も非常に信仰心が厚く、多くの仏様を崇拝されていました。これは、幼少のころから母親である大井夫人があちこちの寺に連れて行ってお参りをしたことによるものだそうです。

特に、密教の梵字の伝来から約七〇〇年経った信玄の時代に軍配や軍扇などの軍具とし

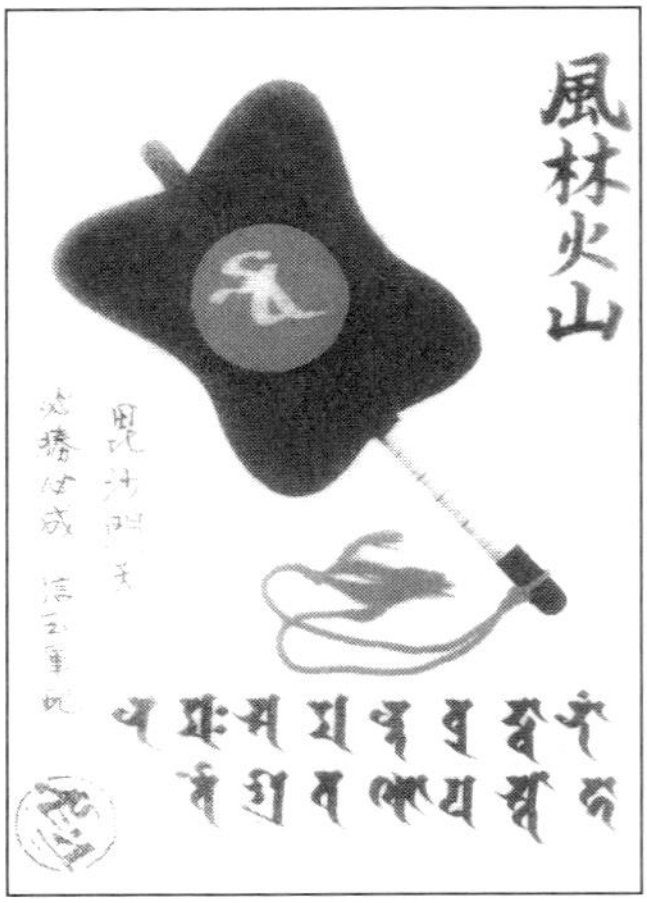

毘沙門天梵字入り軍配（窪田成円書）

ドラマで使用する北極星の梵字軍扇（中）。北斗七星の星座（下・窪田成円書・鈴森幸円制作）

て使われたようです。

軍扇には北極星の梵字が描いてあります。また、川中島の合戦に使用した軍配には毘沙門天の梵字が描かれています。毘沙門天は戦いの神様として信仰されておりました。

上杉謙信はやはり毘沙門天を信仰しておりましたが、「毘」という字を旗に書いておりました。どちらも毘沙門天を信仰したので勝負がつかなかったのだと三井宗師は申しておりました。

梵字諏訪明神旗

軍旗は「諏方南宮上下大明神」と大書きした神号を梵字が囲み、信玄の本陣に立てられました。信玄は諏訪明神を深く崇拝していました。軍神の力を信じ、その神号を旗に書写していたのです。赤地の絹地に金粉で書かれた文字は信玄の直筆といわれています。そして、諏訪大明神すなわち本地仏吉祥天及び毘沙門天に戦勝を祈願した梵字ご真言入りの軍旗です。

諏訪大明神梵字旗

このように、この時代に

はめずらしく信玄は梵字を重要視されておりましたことは、武田信玄の流れを汲む私としては、大変不思議な御縁を感じております。

歴史上の偉大なるアショカ王にはじまり、武田信玄公また徳川家康公などは大きな戦《いくさ》の中で領土を統一しましたが、最後は仏教に帰依し、領土を統治し平和をもたらしました。

(五) 三井奝円宗師の夢・国際梵字センター建立

三十年来の夢

奝円宗師は東洋文化のルーツの梵語・梵字を見つめ直すことにより、精神文化の高揚を願われました。それはすでに述べてきたところからご理解頂けると思いますが、宗師は仏教の発展と世界の平和を祈る梵字仏記念館を御自分の自宅に建立したいとおっしゃっておられました。しかし一九八四（昭和五十九）年逝去され、残念ながらこの願いはかなえることができませんでした。

そこで私がこの夢をかなえたいと思っておりましたところ、不思議なご縁に恵まれました。第二章で述べたように、駒沢大学研究生のスリランカ僧サンガ・ラターナ・テーロ師が私たちの梵字仏講座に入門されたのです。一九九五（平成七）年三井奝円宗師の生誕一〇〇周年にちなみ、上座部仏教の聖地スリランカのミヒンタレーに梵字仏記念館を建立したいという強い希望があり、サンガ・ラタナ師のご尽力により、クマントラ大統領から二四〇〇坪の土地を提供されました。

折しも日本の新興宗教団体がお釈迦様を冒涜する大変な事件を起こし、世界中から日本の仏教のあり方が問われました。私はいたたまれない思いでした。日本人の私はお釈迦様への懺悔と報恩謝徳の意味をこめて、講座生および仏教への信仰厚い日本のお仲間の皆様のご協力を頂いて、遥か遠い南の国の仏教国スリランカに International Bonji Buddist Culture Center＝国際梵字仏文化センター建立に専念しました。その経緯につきましては先述しましたが、日本とスリランカ国交五〇周年の二〇〇二年九月に竣工することができました。

三井宗師がお元気でしたら、お若い時にヨーロッパ、アジア各地を巡回されたこともあり、「たいしたもんだよ」と大変喜んでくださったことでしょう。しかし微力の私どもにはこれは大変な仕事でした。落成までの十年間は、全精力をすべてセンター建立に捧げましたので、自分のことが何もできませんでした。

日本にも梵字仏文化センターを残さないと困ると心配してくださる方々も多く、日々悩み苦しんでいる次第です。

御先祖から預かっている山梨県甲斐市竜王新町のわが家に梵字の文化センターを建てたいと、二十年前から念願しているのですが、まだ実現にはいたりません。御先祖様にも社会に役立つのならと喜んで頂けると思いますので、なんとかここに小さい建物でもよいから建立したいと願っています。現在、古い蔵を改造し奝円宗師や私の作品を飾っている状態です。

甲斐市竜王駅が水晶のイメージの新駅舎に

ＪＲ中央線の甲府駅から西方ひとつ先に「竜王」という駅があります。この駅名は縁起のよい名前だと皆様に言われますが、その名の由来は、「この地が旱魃に襲われ、水が枯渇したときに、水乞いのため寺の住職が一心にお経を誦していたら竜が顕れ、その翌日この地に水が吹き上げた」との故事によるものだそうです。それ以来、「竜王」は信玄堤を守る神様としても地域の人々に信仰されています。

このたび、この場所が三町合併により甲斐市となりました。奇しくも、三井先生の生家のある敷島町と拙宅のある竜王町が隣合っており、同じ甲斐市に属すこととなりました。私どもの家は、この竜王駅まで徒歩五分の距離で、三〇〇年程続いており、この辺りは甲斐市の表玄関に当たります。

竜王新町は甲斐市になったが、それに伴い水晶をイメージしたJR竜王新駅舎の建設が高名な安藤忠雄先生の設計により2008年度には竣工する予定。これに伴って周辺地も整備される予定

その竜王駅が二〇〇八年にまったく新しく新築されることになりました。

竜王駅開業一〇〇周年記念の祭典が二〇〇三年十月二十六日に催されました。その際竜王駅の発展を願って「阿吽の二大竜王」の梵字作品をを制作し、会場に展示させて頂きました。それから一年半後の二〇〇五年五月十日にＪＲ竜王駅の新駅舎の外観設計図が発表されました。まさに阿吽の二大竜王さまのご縁が結ばれたように思えました。

敷島・竜王・双葉町の合併で甲斐市が生まれたことによって、新しい駅舎を市の未来構想の象徴にしたいというのがその設計コンセプトです。甲斐市は山並みに抱かれた緑豊かな都市でありまして、水晶をイメージした竜王新駅舎は眺望を重視し、ガラスを多用した斬新なものとなります。南北自由通路を設けた橋上タイプの駅舎は、解放感があふれるものとなるようです。

水晶のイメージはどこからきたかと申しますと、三井奝円宗師の生誕地である敷島町がその原石の産出地であったことに拠るものです。新駅舎については、藤巻義磨市長も新聞に次のように話されています。

「安藤氏の設計、ということで話題性があり、県内観光の玄関口として多くの人が集まると期待している。同時に南北出口玄関周辺の街づくりを進めていきたい」（朝日新聞・二〇〇五年五月十日）。

竜王駅から龍神が昇る

このたびの安藤忠雄氏の設計による竜王新駅舎は、南北自由通路を設けた橋上タイプの駅舎でそのイメージはまさに龍神が曲がりくねっている姿に見えます。

龍は大地のエネルギーで、龍脈が竜王駅を中心にして流れて良い気の流れをつくってくれるような感じがいたします。それによって龍が水を飲んでゆっくり休養出来るような場所に梵字センターを建立することを神仏は願っておられるように思われます。まさに竜王駅から龍神が昇りて甲斐市の発展を願ってくれるでしょう。

この竜王町の街づくりに関して、多くの人々が思案いたしてまいりましたが、横浜元町の構想設計等をされた都市計画の研究者である横浜国大学教授は、「竜王新町は寺町にするのが一番よい」と断言されました。

この寺町構想を実現するために微力ながら、私どももなんとか協力したいと考えておりましたところ、二〇〇五年十二月二十一日の納めの大師大護摩供のあと、「二〇〇六年は梵字を請来された弘法大師空海の帰朝一二〇〇年に当たりますので、この地に梵字センター建立を発起しなさい」との夢告を、お大師様から頂きました。

日本の中心地の竜王に国際梵字センター建立を祈念

弘法大師様は、梵字を唐より請来し、梵字とは切っても切れない関係にありますが、実は窪田家とも深い縁《えにし》にあります。

八一四（弘仁五）年に弘法大師様が山梨に来られ、四十二歳の厄除の誓願をされたと伝わります。が、その時、その誓願のために不動尊像を刻まれました。そして、その御足の裏にはお大師様の手形を刻したといわれております。そのお不動様が、長い間私どもの家の近くにお祀りされております。

甲斐市はは日本の象徴である霊峰富士の麓にあり、地理的にも日本の中心です。このお不動様がいらっしゃる我が地、甲斐市竜王新町に国際梵字センターを建立することは、甲斐市さらには日本の、そして世界の平和を祈るのに最もふさわしいことではないでしょうか。「この地に梵字センターを建立しなさい」とのお大師様のお言葉は、まさに晴天の霹靂でございました。

日本の山梨県の甲斐市のこの竜王に国際梵字センターを建立することは、弘法大師様の御意志であり、そして三井奝円師の夢であり、私の念願でもあります。そして私に残された最後の大仕事と思っております。この国際梵字センターの建立については、必ずや弘法大師様が御守護下さると思いましてここに事業計画案をかかげてみました。しかし、実行することは容易なことではないので、多くの神仏のご加護を頂き、願いが叶えられますように祈念する次第です。

国際交流親善をはかる当センター
――梵字を学ぶことを希望される外国の人々が梵字センターを訪れる

台湾の林光明氏（出版社経営）は、多くの仏教書籍を復刻し出版されておられ、わざわざ私どものところまで訪ねて来られました。とくに『梵文梵語ＡＢＣ』という本には私の書いた梵文般若心経や平和マンダラなどを掲載して下さいまして、センターが立派に出来るようにと水晶を贈って下さいました。

梵語梵字は、世界の言語ルーツといわれ、国際的にも関心をもたれていることもありまして、当センターとしても国際交流に大いに役立つ事が出来るように思われます。梵字マンダラ平和祈念展を開くようインドはもちろんのこと、台湾、シンガポール、中国、韓国などからいらしてほしいというお手紙を頂いております。

台湾の僧侶が山梨本部へ短期入門釈一吉師が奝円流の梵字に魅せられ、四日間滞在し学習されました。「台湾には梵字がありません。きれいで美しい。習得して仏画に書いたり、お寺を訪れる人に書いてあげたい」と話しておられました。一九九九年十月、窪田会長の指導を受けながら梵字を書写する釈一吉さん（上）

国際梵字センターの事業計画案

建立目的

東洋文化のルーツの梵語・梵字を通して、梵字仏教文化交流並びに国際親善を図り、地域社会に貢献する国際梵字仏協会の本部となる館を建立する。そこには貴重な梵字資料や教材などを保存し梵字マンダラ作品や石碑を常時展示し、多くの人々に梵字を紹介し梵字啓蒙普及活動をおこなう。

さらに奝円流梵字書道講座を開講して、梵字愛好家を育成し梵字を伝授し、梵字を通して、精神文化の発展を願われた三井奝円師の教えを後世に引き継ぐ発信基地とする。

建立地

山梨県甲斐市竜王新町三三六　国際梵字仏協会　窪田宅。

建設事業

梵字の館（梵字マンダラ作品展示室、梵字書写研修室、応接室、事務室、ショールームなど）建立、梵字の石碑を展示する庭園の造立。

運営事業

一、仏教文化の研修および国際交流親善を図る。

一、梵字まんだら作品及び梵字の石碑の常設展示。

一、祈りの文字の梵字書写と梵字納仏による祈念。

一、梵字講座を開講し梵字愛好者を育成する。

一、梵字まんだらの瞑想や研修指導。

一、梵字仏の御守りの頒布。

一、梵字に係るアクセサリー（水晶に梵字を彫刻したものなど）の制作展示。

計画期間

二〇〇七年～二〇〇九年

建設期間

二〇〇九年～二〇十二年予定

あくまでこれは計画案です。実行する事は資金面でも組織面でもどのようにしてよいか、思案に暮れる次第です。梵字啓蒙活動は尊い事業ですが、あまりに特殊でもあり、現実的でもないのでなかなかこれを継承して行くことは容易なことではありません。皆様のご理解と協力をお願いします。

甲斐市竜王町に「国際梵字センター建立」への念願

二〇〇二年、スリランカに国際梵字仏センターが立派に完成し、国際的な梵字の普及活動の拠点を設けることができましたが、一方、日本においても梵字の普及活動の中心となる「国際梵字センター」を建立する必要を強く感じておりました。しかし、その建立の機会について何の目的もすべもなく、どうしたらよいものか漫然と思案にくれておりました。

そんな折、甲斐市から竜王駅舎の新築と駅前の都市整備計画が発表され、私どもの三〇〇年続いている屋敷の一部が、その計画に関わることになりました。

そして、その道路拡張計画に従って、私どもの敷地の一部を市に提供する必要が生じ、これに伴い屋敷の門・梵字マンダラ室・展示室・土蔵などを取り壊す予定となってます。

これは大変なことでどうしたものかと大変ショックでございましたが、この計画を有効に利用して、「国際梵字センター」の建立に向けて少しずつでも前進したいと考えています。

私としましては、このご縁が結ばれて、甲斐市のひとつの観光名所になるような国際梵字センターができるよう、今後も梵字仏に祈念し、また多くの神仏にお願いし、頑張りたいと思っております。

良いご縁、良き協力者に守られ、この大きな事業が成就しますよう。合掌

窪田家正門

梵字作品展示室

不動マンダラの石碑制作者の政門氏とサンガ・ラタナ師

（六）梵字による平和へのメッセージ

梵字による平和のメッセージ――窪田成円

二〇〇一年のアメリカ同時多発テロに始まった世界の混乱は止まるところを知らず、アフガン戦争、イラク紛争、世界中に広まったイスラム過激派によるテロと目を覆うばかりの現状です。加えて核兵器の開発保有が世界中に広がりを見せ、「核に対しては核」の思想がこの日本にも現れ、世界人類は滅亡の道をひた走るかのような様相を呈しています。

この現状を打開して、一刻も早く世界平和を実現しなければならないことは、誰しもの願いだと思われます。私共はそれを梵語の祈りと梵字の書写に託しました。それは多くの体験から、この梵字を書写することが心の平安を導き、さらに全世界、大自然の宇宙と一体となり、多くの霊妙通力が得られると確信いたしたからでございます。特に阿吽の梵字は世界平和の象徴文字としてこの上ない最高の祈りの文字であると確信いたします。

神聖な言葉の梵語の言霊と梵字の字霊の波動により、さまざまな国の人々の心と魂が結びつき**「人類は一つであり、それは一つの国である」**という理想が実現する、その思いを強く念じ、平和の祈りを捧げながら梵字の普及活動に邁進してまいりました。その活動は皆様の協力なしに実現することは不可能です。皆様方にも私共の活動に共鳴頂き、梵字を書写し世界の平和を祈念されることを願って止みません。

そして一日も早く平和な世界が訪れますことを、共にお祈り下さいますよう、心よりお願い申し上げます。合掌

生涯の支え――国際梵字仏協会講師、劔持奝卿

『梵字による平和の祈り』をこのたび窪田先生が出版されることになり心からお喜び申し上げます。

三井奝円先生の偉業を継承しつつ窪田先生を中心とした祈りの文字の梵字講座を約三十五年継続し、幾多の梵字講座生を送り出しました。最近は当講座で私も字義について中村元先生の仏教語大辞典を参考に勉強し、皆様にお話させて頂いておりますが、あらためて梵字の素晴らしさを感じる次第です。

三井奝円流梵字書道講座は世界唯一の講座で、美しくわかり易い書体で、しかも流麗な筆致を創出され、また仏様のお姿そのものです。この梵字の秘められている無限大の真理と教えをもって現代の悩める人々を救い、世界平和の大悲願を込められた三井先生の教えを永遠に残すことを念願されております。

そこで窪田先生は国際梵字センターを山梨のご自宅へ建立することを願っておられます。

窪田先生の活動は国際的にも高く評価されておりますので、梵字マンダラ作品を通して世界の人々と平和の祈りを捧げることを願ってやみません。

どうか良き協力者が集まって、多くの皆様のご賛同のもとで国際梵字センターが立派に建立されることを梵字仏の仏様に祈念いたします。この本が一人でも多くの皆様に読みつがれることによって、一層のご理解とご支援をお願いいたします。

アー・ユー・ボーワン

―スリランカ国・国際梵字仏センター館長、スリランカ僧B・サンガ・ラタナ・マハーテーロ師

『梵字による平和の祈り』という本を出版されることになりおめでとうございます。

一九九四年に日本に留学し、梵字講座の主催者である窪田成円先生のもとを訪ね、多くの指導を頂きました。とくにお釈迦様のご縁でスリランカのミヒンタレーに国際梵字仏センターを建立して頂きましたことは、私の生涯にとって最高の喜びでございます。

窪田先生の梵字仏への祈りの力は偉大なものがあり、多くの人々がすばらしい、すばらしいと云っております。毎日朝夕、梵字納仏

世界平和を祈る スリランカ国シンハラ文字
ලෝක සාමය උදාවේවා
ローカサーマヤウダウェーバー B・サンガ・ラタナ・テーロ拝

平和仏舎利塔においてスリランカの僧侶や地元の人々と平和の祈りを捧げております。

日本の山梨に一日も早く国際梵字センターが立派に完成することを願っており、完成時にはスリランカのミヒンタレー寺から仏舎利尊をお届けしたいと考えております。

仏法僧の恵みのもとに平安と皆様のご健勝をお祈り申し上げます。

梵字による平和のメッセージ――国際梵字仏センター顧問　海老原幸夫

二〇〇〇年六月、国際梵字センターの梵字納仏・平和仏舎利塔の完成式典に向かう飛行機の中で、窪田先生から、世界平和祈りの梵字マンダラの歌を作りたいのだけれど、なかなか引き受けてもらえないとお話しがあり、私自身、幼いころから作曲を嗜み、NHKでも何度か発表されたこともあったものですから、私でよければと、簡単な気持ちから、輪唱の形式による世界平和祈りの梵字マンダラの曲を作りました。幸い窪田先生の気にいって頂き、早速、その仏舎利塔の完成式典で歌いました。その後、インドのシタールを中心とする伴奏が付けられ、『やさしい梵字仏』の付録のCDにも収載されました。

ところで世界平和祈りの梵字マンダラを歌い、平和を祈る、そのことにどの程度の意味があるのかと想っていましたら、サンスクリット大学の学長R・ムケルジ博士より次のようなメッセージ（要旨）を頂きました（原文は第二章にあります）。

「国際梵字仏協会の目的は、サンスクリット語の文字の発展を通じて世界平和を確立することである。このメンバーは音のエネルギーの全能と遍在を信じ、音のエネルギーが奇跡を生ずるという理論を前提としている。同協会は、さまざまな音の象徴にほかならない文字が非常に大きな力に溢れていて、人間が種々の音に心を集中する時、その心は世俗的な思いの流れから開放され、より高い境地にまで高まり、そこに到達して、宇宙のすべての

世界平和宇野利の梵字まんだらの歌
（作詞：窪田成円　作曲：海老原幸夫）

オーン　ヴィシュバア　シャンティ　シャンティ
　　　　シャンティ　スヴァーハアー
オーン　ローカア　シャンティ　シャンティ
　　　　シャンティ　スヴァーハアー
オーン　バラタム　シャンティ　シャンティ
　　　　シャンティ　スヴァーハアー
オーン　スリランカ　シャンティ　シャンティ
　　　　シャンティ　スヴァーハアー
オーン　ジャバアナー　シャンティ　シャンティ
　　　　シャンティ　スヴァーハアー

世界平和よ　平和よ　平和よ　成就あれ
人類の平安よ　平和よ　平和よ　成就あれ
インドの平和よ　平和よ　平和よ　成就あれ
スリランカの平和よ　平和よ　平和よ　成就あれ
日本の平和よ　平和よ　平和よ　成就あれ

人々と生来結びついていることを悟る。このようにして音のエネルギーを表す文字に精神集中することは、人類のすべての人々を結びつけるばかりでなく、その人を生物、無生物から成る全世界と結びつけるのである。このことは世界平和を樹立するための主な手段の一つである」

博士の言葉によって、奝円宗師の理念を再確認し、そして二十一世紀における、この思想の重要さを知りました。未来学者A・トフラーは、コンピューター技術、生物化学、脳科学、ナノテクノロジーの驚異的な発達により人工知能ロボット、サイボーグ人間が現実のものとなり、二十一世紀中に人間とは何なのか（人間の定義）が深刻な問題となるといいます。そのことは、取りも直さず生物と無生物から成る全世界を結びつけるためのものが、必要となってくるということではないでしょうか。そしてそれを結びつけるものが、その音のエネルギーを表す梵字であり、それを歌う梵字マンダラの歌は、期せずして本当に大きな使命をもったものと想われたのでした。

（七）三井奝円宗師のご遺言を風林火山に託して

恒久平和世界の開闢を目指して精神文化の向上を全世界に提唱す

梵字仏の書写造顕勤行ーその究極の目的

今、世界のあちこちで紛争が絶えず、洪水のように暴流が渦巻いています。私たち一人一人は直接それを防ぐすべを持ちませんが、その現実に目をそむけずにかつての信玄堤の智恵「霞堤」のように受け止めて、本来人としてあるべき穏やかな澄んだ流れに戻していかなければなりません。くり返しになりますが、そういったメッセージの発信基地として、「霞堤」ゆかりの地に「国際梵字センター」を建てたいと切望しています。

この混濁の世に仏の種子を播き、育てることが幸福繁栄につながると確信する次第です。三井奝円先生は梵字書写を通して多くの皆様に平和の祈りを捧げて頂きたいと申しておりました。

三井先生の最後に残されたメッセージであるご遺言を第一章で示しましたが、風林火山に託して了とさせて頂きます。

＊風の章　本来、精神文化と物質文化の両輪が同時に等速前進回転をしてこそ、真の人

類文化が直進向上し、本当の平和が顕現されるのであります。しかるに現今の世界人類社会の情勢は、精神文化が全く忘れ去られ、物質文化一辺倒の状態であります。

＊林の章　そこでまず、多くの人々に東洋古来の倫理道徳的精神文化に目覚めていただくことが重要であります。それ東洋古来の文化は、とりも直さず仏教による精神文化が中心、中軸で、その発祥の根基、源泉たる梵語、梵字からの関心を呼び起こし、改めてわが東洋古来の倫理道徳的精神文化を全世界の人々に認識していただくことを、ここに提唱する次第です。

＊火の章　梵字仏書道の修得により、自己みずからが開悟正覚、宇宙の大生命に帰一し、真の自己たる大我顕現させて、宇宙大自然と一如同心の三昧に悟入し、宇宙即我、我即宇宙の境地に到達、仏法の極意を体得していただき、天地宇宙、大自然の万有に通ずるところの、阿吽の宇宙精神たる「まごころ」をもって、その仏教精神の真髄を全世界に押し広めることにより、全人類の福祉、恒久世界平和の開闢育成を念願することこそ、その究極の目的たるものであります。

＊山の章　かような思想趣旨に基づいての梵字仏書道講座でございますので、本講座の会員の皆様方には、地上全人類の福祉、世界平和開闢育成の〝パイオニア〟としての先覚指導者たるの誇りをもって、ご精進あらんことを節にお願い申し上げる次第でご

ざいます。

よって、何とぞこの点をよろしくご理解の上、いっそうの精進とご努力の程をお願い申し上げます。

和南

梵字マンダラによる平和世界を築きましょう

阿吽の宇宙精神たる「まごころ」をもって神仏に帰依し、天地宇宙と一体になることにより自我の殻を破り、正しい心理を悟ることにより、広大な輝く世界が開けます。東洋で生まれた梵字の叡智がいまや地球を救える梵字仏として、世界中に普及することによって宇宙の浄化をはかるともいわれております。

この尊い梵字仏を通じて、梵字に研鑽される方々と手をつなぎ、仏教興隆と国際文化交流を図り、梵字マンダラによる平和世界を築くこと願ってやみません。ぜひとも三井奝円宗師のご遺志を成就させるためにも、国際梵字仏協会・講演会へのご協力、ご支援、ご鞭撻の程、伏してお願い申し上げます。

合掌

富士山平和梵字マンダラ

【特別寄稿】

祝辞

三井英宣（斎円先生次男）

梵字仏書道講座生と有縁の皆様、このたびは『梵字による平和の祈り』が出版されることを心からお喜び申し上げます。

私の父・三井奝円の歩みを以前から一冊の本にまとめたいと窪田成円様がつねづね言っておられましたが、長い年月が経っており、なかなか大変なことだったと思います。このたび知道出版様のご尽力を頂いて刊行することが出来て大変ありがたく思っております。

父は日常生活は仏を中心に行動しておりましたので、一般の方々には理解し難いこともありましたが、しかし、ご理解のある皆様のご支援は望外の喜びであったようでございます。梵字によって仏教興隆と世界平和を願っておったようです。

仏教界の高僧の皆様のご支援によって梵字仏に花を咲かせて頂けたようです。

しかし構想が高く、大きかったためになかなか実践面では苦労が多く、理想通りにはいかなかったようですが、良き理解者であり、支援者でもありました窪田成円様、島田武雄様、政門正様、松野茂様、および門下生のひとかたならぬご尽力によって父の一応の目的は果たせたように思われます。

窪田成円様が、竜王に国際梵字センターを建立されることを最後の念願として頑張っておられるのでよろしくお願い申し上げます。

十三仏法曼陀羅。三井奝円拝書

あとがき——刊行にあたって

窪田成円

祈りの文字である梵字の啓蒙普及活動に携わって三十五年近くになりますが、私の恩師の三井奝円宗師の回顧録を以前からまとめたいと願い、いろいろな原稿や資料を箱に集めては準備いたしておりましたが、いざ一冊の本にすることは容易なことではありません。なかなか踏み出せずにいたところ、二〇〇四年五月の川崎大師厄除け本尊（弘法大師）大開帳奉修記念に際して開催された「梵字仏・世界平和祈念展」（於川崎大師信徒会館）をご覧にいらした、知道出版の新しい社長さんの加藤恭三様から、「三井先生の回顧録を是非出版しましょう。お手伝いさせて下さい」とお言葉を頂きました。

これはまさに梵字を請来された弘法大師様のお導きによるものと思い、意を決しました。三井奝円宗師のご業績、梵字啓蒙活動、私の梵字による平和マンダラ作品の発表と梵字による世界平和の祈りをの活動を、郷土ゆかりの風林火山に重ねながら文章をまとめることは、気が遠くなるような難題でしたが、三井宗師にお仕えした私が書き残しておかなければならない、との使命感のもとでなんとか出版することが出来ました。

ところで、生前三井宗師は「一一」という数字にこだわり、重視されておりました。それは始まりを意味し、また原点回帰という意味があるからです。宗師はヨーロッパに研修中、一九三一年十一月一日、BMWのオートバイクで一一、一一一キロを走破されたことを記念され、非常に趣向を凝らした、手製の絵はがきを作成し日本に送られました。このことから「一一」という数字への思いが伺われます。

折しも本年は三井奝円宗師の生誕一一一年にあたります。ここに梵字仏のご縁によって偉大な法の力を頂き、不可能なことが可能となり、多くの奇跡が生まれたことの体験を一冊の本にまとめた次第です。これは三井宗師への何よりのご供養となり、感無量の思いでございます。

本拙文に、前智積院化主宮坂宥勝猊下、甲斐市長藤巻義麿様、元産業能率短期大学教授清水榮一様の過分の賛辞を賜わり、身に余る光栄でございます。私にとって梵字啓蒙活動への何よりの励ましとなり心から深謝申し上げます。

本書を上梓することができましたのはひとえに知道出版と編集協力して頂いた田中徳雄様の多大なご支援によるものでございます。

また、国際梵字仏協会の顧問の劔持奝卿様・小森清司様・海老原幸夫様、当会のスタッフの皆様のご協力に篤く御礼申し上げます。そして、梵字啓蒙活動にご支援下さった多くの皆様のお名前を一人一人挙げることは出来ませんが、改めて心から感謝を申し上げます。併せて家族の日頃の理解と協力のおかげでもあり、ありがたく思っております。

長年の夢であります甲斐市竜王町の自宅の敷地に国際梵字センターを建立し、梵字まんだら作品と薬研彫による板碑を常時展示し、多くの人々にご覧頂けることを願う次第です。

また、梵字によって精神文化の発展を願われた三井奝円宗師の教えをもとに梵字愛好家を育成し、梵字が永遠に継承されることを念じながらこの本を出版いたしました。

お釈迦様・弘法大師様・三井奝円宗師のご霊前に報恩謝徳の微志を捧げます。　合掌

平成十九年八月吉日

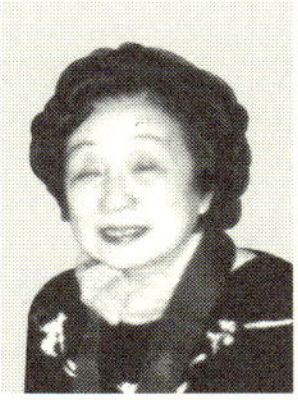

著者紹介

窪田成円（くぼた じょうえん）

サンスクリット大学名誉文学博士、国際梵字仏協会会長・三石造形藝術院主宰、総本山智積院得度、梵字スリランカ文化財団日本事務局長、NHK学園オープンスクール梵字講師、NHK文化センターランドマーク横浜梵字講師。

昭和15年東京生まれ。現在、甲斐市竜王新町に在住。

三井奝円宗師に18年間師事しながら、宗教界にて多くのことを学習する。特に東方学院にて故中村元博士より梵語と仏教を研修するとともに、国際梵字仏協会主宰の梵字講座を開講する。その後、ＮＨＫオープンスクール、ＮＨＫ文化センター、朝日カルチャーなどでも「やさしい梵字仏講座」を開講する。また、梵字マンダラ展を国内外にて50回近く開催する。

2001年、インド・サンスクリット大学に於いて名誉文学博士号を受賞する。

2004年、スリランカ・ミヒンタレー市に国際梵字仏センターを建立することによって梵字による平和を祈念する活動に邁進する。

おもな著書として『やさしい梵字仏〈新版〉』（知道出版）『梵字仏書道講座テキスト13課程』『梵字作品集』（国際梵字仏協会）などがある。

国際梵字仏協会：〒400-0111 山梨県甲斐市竜王新町336
TEL：055-276-9276 FAX: 055-279-2097
http://www4.ocn.ne.jp/~bonji/index.html

梵字《ぼんじ》による平和《へいわ》の祈《いの》り

2007年11月1日　初版第1刷発行
著　者　窪田成円
発行者　加藤恭三
発行所　知道出版
〒101-0051 東京都千代田区神田神保町1-40 豊明ビル2階
TEL 03（5282）3185／FAX 03（5282）3186
印刷・製本所　モリモト印刷

ISBN4-978-88664-181-6